Trinidad Bonachera Álvarez

spanisch
Sprachkurs

Übungsbuch

Bildnachweis:
Coverbild: Getty Images
© Jürgen Frank: S. 43, 47, 61, 84, 87, 90 (links), 136, 142; © Trinidad Bonachera Álvarez: S. 146; © iStockphoto/Thinkstock: S. 39, 41, 65, 90 (rechts), 109, 123, 133; © Image Source: 101, 106, 112; © Digital Vision/Thinkstock: S. 11; © Creatas Images/Thinkstock: S. 23; © Christoph Koepsel/Digital Vision/Thinkstock: S. 35; © shutterstock: S. 44; © Maria Teijeiro/Photodisc/Thinkstock: S. 49; © Allan Danahar/Valueline/Thinkstock: S. 70; © Christopher Robbins/Photodisc/Thinkstock: S. 75; © Hemera/Thinkstock: S. 117

Karte auf S. 10: Mathias Bleher, Ismaning
Zeichnungen von Irmgard Paule, München

Das Werk und seine Teile sind urheberrechtlich geschützt. Jede Verwertung in anderen als den gesetzlich zugelassenen Fällen bedarf deshalb der vorherigen schriftlichen Genehmigung des Verlags.
Hinweis zu § 52a UrhG: Weder das Werk noch seine Teile dürfen ohne eine solche Einwilligung überspielt, gespeichert und in ein Netzwerk eingespielt werden. Dies gilt auch für Intranets von Firmen und von Schulen und sonstigen Bildungseinrichtungen.

Printed in EU

Genehmigte Sonderausgabe für Tandem Verlag GmbH, Birkenstraße 10, 14469 Potsdam

ISBN 3-8331-9882-6 (Sprachpaket)

INHALT

Seite

VORWORT 6

ERSTE-HILFE-SEITE FÜR ANFÄNGER 9

LECCIÓN 1 – ¿CÓMO TE LLAMAS? 11
    Wie heißt du?

Hier lernen Sie
Situationen: wie Sie jemanden begrüßen, wie Sie sich vorstellen, wie Sie Auskunft über sich und andere geben, wie Sie sich bedanken
Grammatik: das Hilfsverb *ser*, die Verben auf *-ar*, die „Sie"-Form, das Eigenschaftswort
Wortschatz: Begrüßungsformeln, europäische Ländernamen und Nationalitätsbezeichnungen, die Zahlen bis 30

LECCIÓN 2 – ¿CÓMO ESTAS? 23
    Wie geht's dir?

Hier lernen Sie
Situationen: wie Sie jemanden vorstellen, wie Sie sich verabschieden, wie Sie telefonieren
Grammatik: das Verb *estar*, die Verben auf *-er*, das Verhältniswort *a*, das Fürwort *se* in unpersönlichen Sätzen, die besitzanzeigenden Fürwörter, das spanische Alphabet
Wortschatz: Verabschiedungsformeln, Verwandtschaftsbezeichnungen, die Zahlen bis 100

LECCIÓN 3 – ¿DÓNDE VIVES? 35
    Wo lebst du?

Hier lernen Sie
Situationen: wie Sie beschreiben, wo und wie Sie leben
Grammatik: die Verben auf *-ir*, die Verwendung von *hay* und *estar*, die persönlichen Fürwörter, *grande* und *gran*, die doppelte Verneinung, die Bindewörter *y* und *o*, Fragewörter
Wortschatz: Ortsangaben, Wohnung, Ländernamen und Nationalitätsbezeichnungen von spanischsprachigen Ländern

LECCIÓN 4 – ¡UNA CERVEZA, POR FAVOR! 47
    Ein Bier, bitte!

Hier lernen Sie
Situationen: wie Sie etwas in einer Bar oder in einem Restaurant bestellen, wie Sie über das Essen sprechen
Grammatik: die Verbgruppe mit der Veränderung *e > ie*, das Verb *ir*, *muy* und *mucho*, Betonung und Akzent
Wortschatz: Speisen und Getränke, zu Tisch, die Wochentage

Seite

LECCIÓN 5 – *EN UN HOTEL DE CUATRO ESTRELLAS* 61
In einem Vier-Sterne-Hotel

Hier lernen Sie
Situationen: wie Sie sich über Hotels erkundigen, wie Sie ein Zimmer buchen, wie Sie sich beschweren
Grammatik: die Verbgruppe mit der Veränderung *o > ue*, das Verb *quedar(se)*, das Gerundium, der Gebrauch des Artikels, das Fragewort *cuánto*, die Stellung der Fürwörter
Wortschatz: im Hotel, Verkehrsmittel, die Zahlen ab 100

CONTROL LECCIONES 1–5 73

LECCIÓN 6 – *HOY HE TRABAJADO MUCHÍSIMO* 75
Heute habe ich sehr viel gearbeitet

Hier lernen Sie
Situationen: wie Sie über Ihren Arbeitsalltag sprechen, wie Sie zum Geburtstag gratulieren und Glückwünsche ausdrücken
Grammatik: die Verbgruppe mit der Veränderung *e > i*, das zusammengesetzte Perfekt, der Diminutiv, der unpersönliche Ausdruck *hay que*
Wortschatz: Arbeitsalltag, Glückwunsch, die Monate und Jahreszeiten

LECCIÓN 7 – *¿ADÓNDE VAMOS DE VACACIONES?* 87
Wohin fahren wir in Urlaub?

Hier lernen Sie
Situationen: wie Sie Ihren Urlaub planen und buchen, wie Sie am Flughafen einchecken
Grammatik: die Verbgruppe mit der Veränderung *c > zc*, die Zukunft, das Konditional, die Befehlsform, die substantivisch gebrauchten besitzanzeigenden Fürwörter
Wortschatz: Vorschläge machen, Wünsche äußern, im Reisebüro, am Flughafen

LECCIÓN 8 – *UN BILLETE PARA MADRID, POR FAVOR* 101
Einen Fahrschein nach Madrid, bitte

Hier lernen Sie
Situationen: wie Sie Auskünfte über Züge einholen, wie Sie sich nach dem Weg erkundigen
Grammatik: der Konjunktiv, das einfache Perfekt, die verneinte Befehlsform, das Verb *acabar de*, die hinweisenden Fürwörter und Ortsadverbien
Wortschatz: Richtungsangaben, am Bahnhof, die Ordnungszahlen

LECCIÓN 9 – *AYER FUIMOS A TOLEDO* 117
Gestern fuhren wir nach Toledo

Hier lernen Sie
Situationen: wie Sie sich über Vorgänge in der Vergangenheit unterhalten, wie Sie in einem Geschäft Kleider kaufen, wie Sie beim Arzt über Beschwerden sprechen
Grammatik: das einfache Perfekt, „vor" und „seit", unpersönliche Sätze mit *uno*, die Fragewörter *qué* und *cuál*, Vergleich und Steigerung
Wortschatz: Vergleiche, Zeitangaben, Einkaufen, Kleider, Farben, beim Arzt, Körperteile

LECCIÓN 10 – *CUANDO ERA PEQUEÑA ...* 133
Als ich klein war ...

Hier lernen Sie
Situationen: wie Sie über Vergangenes berichten, wie Sie über den Verkehr sprechen, wie Sie mit dem Bus fahren
Grammatik: das Imperfekt, das Plusquamperfekt, die unterschiedliche Verwendung von *por* und *para*, der Superlativ
Wortschatz: Verkehr, Bus, Taxi

CONTROL LECCIONES 6–10 149

ANHANG

- **Grammatik-Übersicht** 152

- **Lösungen der schriftlichen Übungen** 156

- **Wiedergabe aller Übungsdialoge und mündlichen Übungen** 160

- **Alphabetischer Wortschatz** 187

VORWORT

Herzlich willkommen! Sie haben sich dazu entschlossen, mit diesem Sprachkurs Spanisch zu lernen. Bitte lesen Sie diese Einleitung sorgfältig durch, bevor Sie mit der Arbeit beginnen. Sie erhalten wichtige Hinweise zur Benutzung des Kurses sowie eine detaillierte Beschreibung des Lektionsaufbaus.

▶ Da Ihnen kein/e Lehrer/in zur Verfügung steht, müssen Sie alle Hilfsmittel nutzen, die Ihnen das Übungsbuch und die CDs bieten. Im Anhang finden Sie eine Grammatik-Übersicht, die Lösungen der schriftlichen Übungen, den Text der Übungen und das Wortschatzverzeichnis. Eine deutsche Übersetzung der spanischen Dialoge ist in den einzelnen Lektionen zu finden.

▶ Arbeiten Sie die Lektionen der Reihe nach durch. Es ist wichtig, dass Sie nichts auslassen, denn die Lektionen bauen aufeinander auf. Das Material auf den CDs folgt genau den einzelnen Schritten im Buch. Wo Sie das CD-Symbol finden, sollen Sie mit der CD arbeiten. Die erste Zahl gibt an, um welche der vier CDs es sich handelt, die zweite den Track, den Sie ansteuern können.

▶ Entwickeln Sie Ihre eigene Lernstrategie. Sie kennen sich selbst am besten und wissen, ob Ihnen das Lernen z.B. morgens oder abends leichter fällt. Ein Selbstlernkurs gibt Ihnen die Möglichkeit, Tempo, Rhythmus und Intensität des Lernprozesses selbst zu gestalten. Bedenken Sie aber, dass es sinnvoller ist, öfter und in kurzen Lernperioden zu arbeiten, statt einmal im Monat einen „Mammuttag" einzulegen.

▶ Hören Sie sich so oft wie möglich die CDs an. Wiederholen Sie auch die Lektionen, die Sie bereits bearbeitet haben. Nehmen Sie das von Ihnen Gesprochene auf ein separates Band auf und vergleichen Sie es kritisch mit der Sprecheraufnahme.

▶ Finden Sie heraus, wie Sie am besten Vokabeln lernen. Sie können sich selbst testen, indem Sie die deutsche Übersetzung des Wortschatzes auf der letzten Seite jeder Lektion zuhalten. Sie können es auch umgekehrt machen und aus dem Deutschen ins Spanische übersetzen, obwohl Ihnen das wahrscheinlich etwas schwerer fallen wird.

▶ Versuchen Sie ab und zu, einen Dialog selbst zu übersetzen und erst hinterher die deutsche Version im Buch zu Rate zu ziehen.

Ziel des Kurses ist es, Ihnen so schnell wie möglich Grundkenntnisse des Spanischen zu vermitteln. Das Material ist nicht immer einfach, denn Sie haben es von Anfang an mit der gesprochenen Sprache zu tun. Einige Dialoge werden Ihnen schwerer fallen als andere, aber machen Sie sich keine Sorgen, wenn Sie etwas nicht auf Anhieb verstehen. Wenn man eine Fremdsprache lernt – ganz gleich nach welcher Methode – stößt man unweigerlich auf Hindernisse. Da Sie keine/n Lehrer/in fragen können, müssen Sie die Hindernisse selbst aus dem Weg räumen. Um Sie bei der Selbsthilfe zu unterstützen, folgt nun eine Beschreibung der einzelnen Abschnitte einer Lektion.

Lektionsaufbau

Jede Lektion (*Lección*) besteht aus den folgenden Teilen:

▶ **3 Dialogeinheiten** (*Diálogos*)
 – Spanische Lehrdialoge
 – Deutsche Übersetzung
 – Übungsdialog(e)
 – Erläuterungen zu Grammatik, Wortschatz und Landeskunde

▶ **Grammatik** (*Gramática*)
 – Erklärungen und Beispiele
 – Tabellen

▶ **Übungen** (*Ejercicios*)
 – Schriftliche Übungen (*Ejercicios escritos*)
 – Mündliche Übungen (*Ejercicios orales*)

▶ **Wortschatz** (*Vocabulario*)
 – Zusammenfassung wichtiger Ausdrücke und Redemittel
 – Zusätzlicher Wortschatz

▶ **Unterhaltung** (*Con ersación*)
 als mündliche Abschlussübung

Diálogos

Jede Lektion besteht aus 3 *Diálogos*. Diese sind fortlaufend durchnummeriert und bilden mit den Übungsdialogen sowie den Erläuterungen zu Grammatik, Wortschatz und Landeskunde (*Información*) den ersten Teil einer Lektion.

Sämtliche Lehrdialoge können Sie auf der CD hören und im Buch auf Spanisch und in der deutschen Übersetzung mitverfolgen (die wortwörtliche Übersetzung ist in eckigen Klammern angegeben, um Ihnen die spanische Konstruktion zu verdeutlichen).

Unmittelbar nach einem Lehrdialog folgen ein oder zwei Übungsdialoge, die ebenfalls auf CD aufgenommen sind. Diese Dialoge dienen dazu, die in den Lehrdialogen vorgegebenen Strukturen und Wendungen zu üben, indem Sie selbst einen Teil des Dialogs sprechen. Sie finden auf den CDs und im Buch immer zunächst ein Beispiel. Der Teil, den Sie sprechen sollen, ist im Buch mit einem ♦ markiert. Den gesamten Text der Übungsdialoge finden Sie im Anhang. Der von Ihnen zu sprechende Teil ist auch dort mit einem ♦ gekennzeichnet.

Bei den Übungsdialogen finden Sie jeweils kurze Pausen, in denen Sie sprechen. Was Sie sagen sollen, ist aus den Anweisungen im Buch zu ersehen. Nachdem Sie gesprochen haben, hören Sie die richtige Antwort von einer Sprecherin oder einem Sprecher zur Kontrolle.

Sie können den Lehrdialogen auf verschiedene Weise zuhören, je nachdem wie schwierig Sie sie finden. Sie können zum Beispiel

▶ zuhören, ohne ins Buch zu schauen,
▶ zuhören und dabei den spanischen Text im Buch verfolgen (und dann später die deutsche Übersetzung zum Verständnis der neuen Wörter zu Hilfe nehmen),
▶ sich den spanischen und den deutschen Text durchlesen, wenn Sie einen Dialog besonders schwierig finden. Hören Sie sich aber bitte nicht die spanische Version an, während Sie den deutschen Text lesen.

Gramática

Jede Lektion enthält einen Grammatikteil mit Übersichtstabellen vor allem zur Beugung von Verben, Erklärungen und Beispielen.

Ejercicios

Jede Lektion enthält einen Übungsteil, der folgendermaßen aufgebaut ist:
- ▶ Schriftliche Übungen zur Festigung der Grammatik (die Lösungen finden Sie im Anhang).
- ▶ Mündliche Übungen in Form von Verständnis- und Sprechübungen, in denen Sie das Gelernte in die Praxis umsetzen sollen. Bei den Sprechübungen hören Sie eine bestimmte Wendung auf dem Tonträger, auf die Sie nach den Anweisungen des Moderators reagieren sollen. Eine Sprecherin oder ein Sprecher sagt anschließend die richtige Version. Auch diese Übungen sind wieder komplett im Anhang des Übungsbuchs abgedruckt.

Vocabulario

Der Wortschatz bildet die letzte Einheit einer Lektion. Zunächst finden Sie die wichtigsten Wörter und Ausdrücke aus der Lektion thematisch gegliedert und ins Deutsche übersetzt. Es folgen dann zusätzliche Wörter und Wendungen, die nicht in den Dialogen und Übungen vorkommen, aber eine wichtige Ergänzung zu den behandelten Themen darstellen. Sie sind mit einem CD-Symbol gekennzeichnet; Sie können also hören, wie sie ausgesprochen werden, und sie nachsprechen. Natürlich erscheinen alle diese Wörter auch im alphabetischen Wörterverzeichnis im Anhang.

Conversación

Am Ende einer jeden Lektion werden Sie aufgefordert, an einer Unterhaltung teilzunehmen. Die Übungen gehen wie folgt vor sich: Ein/e Sprecher/in stellt Ihnen eine Frage, die Sie nach den Anweisungen unseres deutschen Moderators beantworten sollen. Von ihm erfahren Sie, was Sie danach sagen sollen, zum Beispiel, dass Sie dem Gesprächspartner auf der CD eine Frage stellen sollen. Bitte sprechen Sie jeweils in der Pause und hören Sie sich dann die richtige Version zum Vergleich an. Es klingt etwas kompliziert, aber Sie werden sich bald an das Muster dieser Unterhaltungen gewöhnen.

Eine Inhaltsangabe, die in Stichpunkten angibt, was in jeder Lektion behandelt wird, finden Sie auf Seite 3. Bitte lesen Sie das entsprechende Verzeichnis durch, bevor Sie eine neue Lektion anfangen.

Und nun wünschen wir Ihnen viel Spaß und viel Erfolg.

ERSTE-HILFE-SEITE FÜR ANFÄNGER

Persönliche Fürwörter

Person	Nominativ (wer?)	Akkusativ (wen?)	Dativ (wem?)
1.	**yo** ich	**me** mich	**me** mir
2.	**tú** du	**te** dich	**te** dir
3.	**él** er **ella** sie **usted** Sie	**lo** ihn / Sie **la** sie / Sie **lo** es **se** (r) sich	**le** ihm / ihr / Ihnen **se** (r) sich
1.	**nosotros** (m) wir **nosotras** (f) wir	**nos** uns	**nos** uns
2.	**vosotros** (m) ihr **vosotras** (f) ihr	**os** euch	**os** euch
3.	**ellos** (m) sie **ellas** (f) sie **ustedes** Sie	**los** sie / Sie **las** sie / Sie **se** (r) sich	**les** ihnen / Ihnen **se** (r) sich

Artikel und Hauptwort

	männlich	weiblich
Einzahl	**el** / **un** camarero der / ein Kellner **el** / **un** profesor der / ein Lehrer	**la** / **una** camarera die / eine Kellnerin **la** / **una** profesora die / eine Lehrerin
Mehrzahl	**los** / **unos** camareros die / einige Kellner **los** / **unos** profesores die / einige Lehrer	**las** / **unas** camareras die / einige Kellnerinnen **las** / **unas** profesoras die / einige Lehrerinnen

(m): männlich, (f): weiblich, (r): rückbezüglich

¿Cómo te llamas? —— LECCIÓN

DIÁLOGO 1 1/1

Zwei junge Leute, José (▲) und María (●), kommen in der Cafeteria der Universidad Complutense miteinander ins Gespräch.

▲ Hola, ¿cómo te llamas?
● Hola, me llamo María, ¿y tú?
▲ Me llamo José. ¿Estudias también en la universidad?
● No, no soy estudiante, trabajo aquí.
▲ Tú no eres de Madrid, ¿verdad?
● No, soy de Sevilla, ¿y de dónde eres tú?
▲ Yo soy de Valencia.

▲ Hallo, wie heißt du?
● Hallo, ich heiße María, und du?
▲ Ich heiße José. Studierst du auch an der Universität?
● Nein, ich bin keine Studentin, ich arbeite hier.
▲ Du bist nicht aus Madrid, oder?
● Nein, ich bin aus Sevilla, und woher kommst du?
▲ Ich bin aus Valencia.

Übungsdialoge 1/2

a. Hören Sie sich zunächst den Beispieldialog an und übernehmen Sie dann die Rollen der nachfolgend angegebenen Personen. Der von Ihnen zu sprechende Teil ist jeweils mit ◆ gekennzeichnet.

▪ Hola, ¿cómo te llamas?
◆ Hola, me llamo José.
▪ Tú no eres de Madrid, ¿verdad?
◆ No, soy de Valencia, ¿y de dónde eres tú?
▪ Yo soy de Barcelona.

1. José / Valencia   4. Ana / Salamanca
2. María / Sevilla   5. Antonio / Málaga
3. Pedro / Zaragoza   6. Marta / Mallorca

b. Hören Sie sich nun den folgenden Beispieldialog an. Beantworten Sie dann die Fragen mit *sí* oder *no* entsprechend den Angaben.

▪ ¿Estudias aquí, José?
◆ Sí, también estudio aquí.

1. José: estudio
2. Maria: trabajo en la universidad
3. Pedro: estudio
4. Ana: trabajo en un colegio (in einer Schule)
5. Antonio: trabajo en una empresa (in einer Firma)
6. Marta: estudio

LECCIÓN 1 — ¿Cómo te llamas?

Fragezeichen

Im Spanischen benutzt man ein umgedrehtes Anfangs- sowie ein Schlussfragezeichen. Dasselbe gilt für das Ausrufezeichen.
→ ¿De dónde eres? (Woher bist du?)
→ ¡No! (Nein!)

Das spanische Verb (Tätigkeitswort)

Nach der Endung des Infinitivs (Grundform) teilt man die spanischen Verben in drei Gruppen ein: die Verben auf *-ar*, *-er* und *-ir*. *Estudiar*, *trabajar* und *llamarse* gehören zur ersten Gruppe.

Llamarse: Einige Verben werden im Spanischen mit einem Pronomen (Fürwort) verwendet:
→ ¿Cómo **te** llamas? (Wie heißt du?)
→ **Me** llamo María. (Ich heiße María.)

Das gleiche Verb ohne Fürwort hat eine andere Bedeutung:
→ llamarse (heißen)
→ llamar (rufen, anrufen)

Das Geschlecht der Hauptwörter I

Es gibt im Spanischen nur zwei grammatische Geschlechter: Maskulinum (männlich) und Femininum (weiblich). Die Hauptwörter mit der Endung -a sind in der Regel weiblich, die auf -dad sind immer weiblich: *una empresa, la uni ersidad*.
Die Hauptwörter auf -o sind bis auf wenige Ausnahmen männlich: *un colegio*.

¿ Información

Spanien gliedert sich in 17 Regionen (*Comunidades Autónomas*). Die Hauptstadt Madrid liegt in der Mitte der Halbinsel und ist mit 3,2 Mio. Einwohnern die größte Stadt des Landes. Die weiteren größten Städte Spaniens sind: Barcelona (ca. 1,8 Mio.), Valencia (ca. 850.000), Sevilla (ca. 700.000), Zaragoza (ca. 650.000) und Málaga (ca. 550.000).

La Uni ersidad Complutense ist die bedeutendste Universität Madrids und eine der renommiertesten Spaniens. Sie wurde 1508 gegründet. An ihr studieren 134.000 Studenten. Die älteste Universität Spaniens wurde 1208 in Palencia gegründet.

DIÁLOGO 2 1/3

María (●) hatte vor einem Jahr ein Vorstellungsgespräch bei Professor (catedrático) Ramírez (▲), einem älteren Herrn.

- ● Buenos días, señor Ramírez.
- ▲ Buenos días, señorita … ¿Cómo se llama usted?
- ● Me llamo María Müller García.
- ▲ Encantado. Siéntese, por favor.
- ● Muchas gracias.
- ▲ ¿Es usted alemana?
- ● No, soy española.
- ▲ Vamos a ver, ¿habla usted inglés?
- ● Sí, hablo bastante bien inglés.
- ▲ ¿Y alemán?
- ● Sí, hablo muy bien alemán porque mi padre es alemán.
- ▲ Ah, claro, por eso se llama usted Müller.

- ● Guten Morgen, Herr Ramírez.
- ▲ Guten Morgen, [Fräulein] … Wie heißen Sie?
- ● Ich heiße María Müller García.
- ▲ Sehr angenehm. Setzen Sie sich, bitte.
- ● Vielen Dank.
- ▲ Sind Sie Deutsche?
- ● Nein, ich bin Spanierin.
- ▲ Nun [Wir werden sehen], sprechen Sie Englisch?
- ● Ja, ich spreche ziemlich gut Englisch.
- ▲ Sprechen Sie Deutsch?
- ● Ja, ich spreche sehr gut Deutsch, weil mein Vater Deutscher ist.
- ▲ Ach so, deshalb heißen Sie Müller.

Übungsdialoge 1/4

a. Wieder geht es darum, die unten stehenden Informationen zu verwenden. Hören Sie sich zunächst den Beispieldialog an und antworten Sie dann entsprechend dem Muster:

- ■ Buenos días, ¿cómo se llama usted?
- ◆ Buenos días, me llamo Peter Gómez.
- ■ ¿Es usted español?
- ◆ No, soy alemán.

1. Peter Gómez / alemán
2. Petra García / alemana
3. John Rodríguez / inglés
4. Mary Álvarez / inglesa
5. Marie Sánchez / francesa
6. Pierre Jiménez / francés

b. Hören Sie jetzt das zweite Beispiel und beantworten Sie dann wieder die Fragen nach dem Muster. Bitte benutzen Sie die vorgegebenen Sprachen in Ihrer Antwort:

- ■ ¿Habla usted italiano?
- ◆ Sí, hablo muy bien italiano porque mi padre es italiano.

1. italiano   4. francés
2. alemán   5. inglés
3. portugués   6. español

Die „Sie"-Form

Es gibt im Spanischen – ebenso wie im Deutschen – eine „Sie"-Form. Bitte beachten Sie aber, dass sie für Einzahl und Mehrzahl verschieden ist.
➔ ¿Cómo se llama **Vd.**? (Einzahl)
➔ ¿Cómo se llaman **Vds**.? (Mehrzahl)
Vd. oder *Ud.* und *Vds.* oder *Uds.* sind jeweils die Abkürzungen für *usted* und *ustedes*.

Bueno und *bien*

Im Spanischen gibt es zwei Wörter für „gut":
Bueno ist ein Eigenschaftswort und bezieht sich auf ein Hauptwort:
➔ un hombre bueno (ein guter Mann)
Bien ist ein Umstandswort und ergänzt, unter anderem, ein Verb:
➔ Juan trabaja bien. (Juan arbeitet gut.)

Das Eigenschaftswort I

Das spanische Eigenschaftswort stimmt in Geschlecht und Zahl mit dem Hauptwort überein, auch in Sätzen mit dem Verb *ser*. Die Eigenschaftswörter bilden die Mehrzahl wie die Hauptwörter: die auf Konsonant endenden durch Anhängen von *-es*, die auf Vokal mit **-s**:
➔ El profesor es español.   ➔ Los profesores son español**es**.
➔ La profesora es española.   ➔ Las profesoras son española**s**.

Wenn sich ein Eigenschaftswort auf Hauptwörter mit verschiedenem Geschlecht bezieht, wird die männliche Mehrzahlform verwendet:
➔ Marta y José son alt**os**.

Begrüßung

Der Gebrauch von *hola* zur Begrüßung ist sehr verbreitet, aber man benutzt auch – vor allem wenn das Gespräch förmlich ist – andere Begrüßungsformen, die in direktem Bezug zum spanischen Tagesablauf stehen:
➔ *Buenos días* bis zum Mittagessen (ca. 14 Uhr)
➔ *Buenas tardes* von ca. 14 Uhr bis zum Sonnenuntergang oder sogar später (bis zum Abendessen um ca. 21 Uhr)
➔ *Buenas noches* ab ca. 21 Uhr

Die Nachnamen

Jeder Spanier hat zwei Nachnamen: den ersten vom Vater, den zweiten von der Mutter.
Vater: J. **García** Pérez, Mutter: M. **Gómez** Cruz, Sohn: P. **García Gómez**
Frauen behalten immer ihre beiden Familiennamen, auch wenn sie heiraten.

DIÁLOGO 3   1/5

María (●) unterhält sich mit einer Freundin (▲) auf einem Fest bei José.

▲ Oye, María, ¿quiénes son esos chicos?
● Son dos amigos de José.
▲ ¿Cómo se llaman?
● El chico rubio y alto se llama Antonio y el moreno y delgado se llama Manolo.
▲ ¿Estudian también en la universidad?
● No, los dos trabajan en una empresa alemana.
▲ Son muy guapos, ¿verdad?
● Bueno, no son feos, pero tampoco son muy simpáticos.
▲ Mujer, para ti nadie es perfecto.

▲ Du, María, wer sind diese Jungen?
● Es sind zwei Freunde von José.
▲ Wie heißen sie?
● Der große, blonde Junge heißt Antonio und der dunkelhaarige, schlanke heißt Manolo.
▲ Studieren sie auch an der Uni?
● Nein, beide arbeiten bei einer deutschen Firma.
▲ Sie sehen sehr gut aus, nicht wahr?
● Na ja, sie sind nicht hässlich, aber nett sind sie auch nicht.
▲ Mensch, dir [Frau, für dich] ist doch niemand recht.

Übungsdialoge 1/6

Hören Sie sich das Beispiel an und sagen Sie, wer jeweils die zwei Personen sind:

■ Oye, María, ¿quiénes son esas chicas?
◆ Son dos amigas de José.
■ ¿Cómo se llaman?
◆ La chica morena y guapa se llama Marta y la rubia y fea se llama Carmen.

1. Marta: morena / guapa
   Carmen: rubia / fea
2. Juan: moreno / delgado
   Pedro: rubio / gordo (dick)
3. Luisa: rubia / alta
   Ana: morena / baja (klein)
4. Luis: rubio / simpático
   Carlos: moreno / antipático (unsympathisch)

Das Eigenschaftswort II

Eigenschaftswörter, deren männliche Form auf -o endet, bilden die weibliche auf -a und die Mehrzahl durch Anhängen von -s:
- ➔ guap**o** / guap**a**
- ➔ guap**os** / guap**as**

Eigenschaftswörter stehen meistens nach dem Hauptwort. Wird ein Hauptwort von mehr als einem Eigenschaftswort begleitet, muss man ein Bindewort einfügen:
- ➔ el chico rubio **y** alto

Quién und *quiénes*

Quién (wer) hat im Spanischen auch eine Mehrzahlform. Sie wird aber nur benutzt, wenn klar ist, dass sich die Frage auf mehrere Personen bezieht:
- ➔ ¿**Quiénes** son esos chicos?

Groß- und Kleinschreibung

Anders als im Deutschen werden Hauptwörter sowie Nationalitätsbezeichnungen immer kleingeschrieben, es sei denn sie stehen am Satzanfang. Eigennamen werden auch im Spanischen großgeschrieben.

Wörtliche Bedeutungen

- ➔ *Oye* (wörtlich: hör zu) wird sehr oft gebraucht, um eine Person aufmerksam zu machen. Es leitet häufig ein Gespräch ein. Deswegen wird es hier besser mit „du" übersetzt.
- ➔ *¿Verdad?* (wörtlich: Wahrheit) entspricht im Deutschen „oder? / nicht wahr?"
- ➔ *Bueno* (wörtlich: gut) kann mehrere Nuancen ausdrücken, die von der Intonation abhängen. Hier drückt *bueno* aus, dass María mit ihrer Freundin nicht ganz einverstanden ist. Die beste Übersetzung ist deshalb „na ja".
- ➔ *Mujer* (wörtlich: Frau) verliert in diesem Kontext seine ursprüngliche Bedeutung und drückt einfach eine unangenehme Überraschung wegen der Äußerung der Gesprächspartnerin aus.

ℹ Información

Wenn in Spanien zwei Frauen einander vorgestellt werden, küssen sie sich zweimal, einmal auf jede Wange. Das gleiche gilt, wenn es sich um eine Frau und einen Mann handelt. Werden zwei Männer einander vorgestellt, begrüßen sie sich mit Handschlag. Wenn sie sich schon kennen, klopfen sie sich oft ein paarmal schnell und kräftig auf den Rücken.

GRAMÁTICA

DAS HILFSVERB *SER* (SEIN)

(yo) **soy**	ich bin
(tú) **eres**	du bist
(él/ella/usted) **es**	er/sie/es ist / Sie sind
(nosotros/nosotras) **somos**	wir sind
(vosotros/vosotras) **sois**	ihr seid
(ellos/ellas/ustedes) **son**	sie/Sie sind

DIE VERBEN AUF -*AR*

(yo) habl**o**	ich spreche
(tú) habl**as**	du sprichst
(él/ella/usted) habl**a**	er/sie/es spricht / Sie sprechen
(nosotros/nosotras) habl**amos**	wir sprechen
(vosotros/vosotras) habl**áis**	ihr sprecht
(ellos/ellas/ustedes) habl**an**	sie/Sie sprechen

→ Da die Person an der Endung der Verbform erkennbar ist, werden die Fürwörter im Nominativ mit Ausnahme von *usted(es)* nur dann gebraucht, wenn sie betont werden sollen oder wenn nicht klar ist, auf welche Person sich die Verbform bezieht.

→ Bei Fragen dreht man wie im Deutschen Subjekt (Satzgegenstand) und Verb um:
¿Trabaja Pedro aquí?

→ *No* (nein / nicht / kein/e) steht immer vor dem Verb:
No hablo español.

→ Wenn *tampoco* (auch nicht) hinter dem Verb steht, muss *no* vor das Verb gestellt werden:
No hablo **tampoco** alemán.

Steht *tampoco* vor dem Verb, wird *no* weggelassen:
Tampoco hablo alemán.

EJERCICIOS
Ejercicios escritos

1. Bilden Sie die richtige Form der Verben in Klammern:

a. Pedro (trabajar) en Bilbao.
b. Tú no (estudiar) aquí, ¿verdad?
c. ¿Cómo (llamarse) usted?
d. Ana y José (estudiar) inglés.
e. Mi padre y yo (hablar) muy bien alemán.
f. Vosotras (hablar) muy bien español.

2. Bilden Sie Sätze mit dem Verb *ser*. Achten Sie dabei auf die korrekte Form des Eigenschaftswortes. Ein Beispiel:

a. Vosotras / español
   Vosotras sois españolas.
b. Peter y Petra / alemán
c. Manolo / bajo (niedrig; hier: klein)
d. María y Ana / rubio
e. Nosotros / moreno
f. Mary / inglés
g. Vosotros / delgado

3. Bejahen Sie die folgenden Fragen. Beispiel:

a. ¿Estudias también aquí?
   Sí, también estudio aquí.
b. ¿Es usted también italiano?
c. ¿Habláis también francés?
d. ¿Te llamas también María?
e. ¿Trabajan ellos también aquí?

4. Beantworten Sie die folgenden Fragen mit *tampoco*. Beispiel:

a. Yo no soy de Madrid, ¿y tú?
   Yo tampoco soy de Madrid.
b. La señora Sánchez no habla italiano, ¿y usted?
c. Antonio no trabaja aquí, ¿y Juan?
d. Nosotros no somos de aquí, ¿y vosotros?
e. Yo no estudio aquí, ¿y tú?

Ejercicios orales 1/7-12

1. Hören Sie sich die zehn Sätze auf der CD an. Bezieht sich der Satz auf eine Frau, auf einen Mann oder auf mehrere Personen? Schreiben Sie dann die Nummern der Sätze in die richtige Kategorie.

Weiblich: _____
Männlich: _____
Mehrzahl: _____

2. Hören Sie sich die Zahlen von 0 bis 10 an und wiederholen Sie sie dann laut.

3. Auf dem Fest von José hat María viele Leute nach ihren Telefonnummern (*número de teléfono*) gefragt. Schreiben Sie nun die Telefonnummern auf, die Sie auf der CD hören.

a. El número de teléfono de Antonio es el 915714623.
b. Raúl _____
c. Luisa _____
d. Ana _____
e. Jorge _____
f. Marta_____
g. Jaime _____

4. Hören Sie sich jetzt auf der CD die Zahlen von 11 bis 30 an. Wiederholen Sie sie dann laut.

5. Verbinden Sie mit einem Strich die Zahlen in der Reihenfolge, in der Sie diese auf der CD hören.

6. Arbeiten Sie nun die weiteren mündlichen Übungen auf der CD durch.

20 **LECCIÓN 1** — ¿Cómo te llamas?

VOCABULARIO

Begrüßung

Hola.	Hallo. / Grüß dich.
Buenos días.	Guten Morgen. / Guten Tag.
Buenas tardes.	Guten Tag. / Guten Abend.
Buenas noches.	Guten Abend. / Gute Nacht.

Informationen einholen

¿Cómo se llama usted?	Wie heißen Sie?
¿De dónde eres?	Woher kommst du?
¿Quiénes son esos chicos?	Wer sind diese Jungen?
¿Trabajas aquí?	Arbeitest du hier?
¿Estudian también en la universidad?	Studieren sie auch an der Uni?
¿Habla usted español?	Sprechen Sie Spanisch?

Zur eigenen Person

Me llamo José.	Ich heiße José.
Soy de Madrid.	Ich bin aus Madrid.
Hablo muy bien inglés.	Ich spreche sehr gut Englisch.
No hablo español.	Ich spreche kein Spanisch.

Beschreibungen

el chico rubio y alto	der große, blonde Junge
la chica morena y guapa	das dunkelhaarige, hübsche Mädchen

Weitere Ausdrücke 1/13

Encantado. / Encantada.	Sehr angenehm.
Gracias. / Muchas gracias.	Danke. / Vielen Dank.
De nada.	Bitte, gern geschehen.
Siéntese, por favor.	Setzen Sie sich, bitte.
Oye, Maria, ...	Du, María, ...

Die Zahlen bis 30

0	cero	11	once	21	veintiuno/a
1	uno / una	12	doce	22	veintidós
2	dos	13	trece	23	veintitrés
3	tres	14	catorce	24	veinticuatro
4	cuatro	15	quince	25	veinticinco
5	cinco	16	dieciséis	26	veintiséis
6	seis	17	diecisiete	27	veintisiete
7	siete	18	dieciocho	28	veintiocho
8	ocho	19	diecinueve	29	veintinueve
9	nueve	20	veinte	30	treinta
10	diez				

 1/14

Hören Sie sich nun die folgenden europäischen Ländernamen und Nationalitätsbezeichnungen auf der CD an und achten Sie auf die Aussprache.

Europa: europeo/a/os/as
Alemania: alemán/a/es/as
Austria: austriaco/a/os/as
España: español/a/es/as
Francia: francés/a/es/as
Inglaterra: inglés/a/es/as
Italia: italiano/a/os/as
Suiza: suizo/a/os/as
Portugal: portugués/a/es/as

Europa: Europäer/-in
Deutschland: Deutscher/-e
Österreich: Österreicher/-in
Spanien: Spanier/-in
Frankreich: Franzose/Französin
England: Engländer/-in
Italien: Italiener/-in
Schweiz: Schweizer/-in
Portugal: Portugiese/-in

¿Es usted austriaca?
¿Son ustedes suizos?
¿Hablan ustedes francés?

Sind Sie Österreicherin?
Sind Sie Schweizer?
Sprechen Sie Französisch?

CONVERSACIÓN 1/15

Bitte hören Sie sich nun die Anweisungen auf der CD an und nehmen Sie an der Unterhaltung teil.

¿Cómo estás? — LECCIÓN 2

DIÁLOGO 4 1/16

Manolo (●) ist in Barcelona und besucht seinen Freund Pepe (▲) im Büro.

- ▲ Hola, Manolo, ¿cómo estás?
- ● Muy bien, y tú, ¿qué tal?
- ▲ Estupendamente, gracias. ¿Pero qué haces aquí en Barcelona?
- ● Estoy de vacaciones con mi mujer y mis hijos.
- ▲ Ah, no estás solo.
- ● No, y si tú y tu mujer tenéis tiempo, podemos cenar hoy juntos.
- ▲ Es una idea estupenda.
- ● ¿Dónde se come bien en Barcelona?
- ▲ ¡Qué pregunta! Se come muy bien en muchos restaurantes.
- ● Bueno, entonces te llamo más tarde y quedamos, ¿vale?
- ▲ De acuerdo. Entonces, hasta luego.
- ● Adiós, hasta luego.

- ▲ Hallo, Manolo [Kosename für Manuel], wie geht es dir?
- ● Sehr gut, und wie geht's dir?
- ▲ Blendend, danke. Aber, was machst du denn hier in Barcelona?
- ● Ich mache Urlaub mit meiner Frau und meinen Kindern.
- ▲ Ach so, du bist nicht allein.
- ● Nein, und wenn deine Frau und du Zeit habt, können wir heute zusammen zu Abend essen.
- ▲ Das ist eine tolle Idee.
- ● Wo isst man gut in Barcelona?
- ▲ Was für eine Frage! Man isst sehr gut in vielen Restaurants.
- ● Also, dann rufe ich dich später an und wir verabreden uns, gut so?
- ▲ Einverstanden. Dann, bis später.
- ● Tschüs, bis später.

Übungsdialoge 1/17

a. Hören Sie das Beispiel auf der CD. Antworten Sie nach demselben Muster mit den unten stehenden Angaben:

- ■ Hola, Antonio, ¿cómo estás?
- ◆ Muy bien, y tú, ¿qué tal?
- ■ Estoy bien, gracias. ¿Pero qué haces aquí en Barcelona?
- ◆ Estoy de vacaciones con mi padre y mi hijo.

1. Antonio / muy bien / padre + hijo
2. José / estupendamente / hijo
3. Andrés / regular (nicht besonders) / mujer + hija
4. Marta / mal (schlecht) / hijos
5. María / fatal (mies) / madre + hijo

b. Hören Sie jetzt das zweite Beispiel und beantworten Sie die Fragen nach den folgenden Angaben:

- ■ ¿Dónde se habla español?
- ◆ Se habla español en España.

1. en España
2. en un restaurante
3. en un colegio
4. en Alemania
5. en la universidad

Estar und *ser* I

Im Spanischen gibt es für das deutsche Wort „sein" zwei Verben: *ser* und *estar*.
Estar wird verwendet, um Zustand und Befinden auszudrücken:
→ Estoy bien. (Es geht mir gut.)
→ Estoy cansada. (Ich bin müde.)
Und auch bei Ortsangaben:
→ Manolo está en Barcelona. (Manolo ist in Barcelona.)

Ser wird unter anderem verwendet, um wesentliche Eigenschaften auszudrücken:
→ Es inteligente. (Er ist intelligent.)

Weitere Unterschiede zwischen diesen beiden Verben lernen Sie in der **Grammatik-Übersicht** auf Seite 155.

Die Verben auf *-er*

Man muss immer beachten, welche Endung ein Verb hat, um es richtig konjugieren (beugen) zu können. In dieser Lektion kommen mehrere Verben auf *-er* vor: *comer* (essen), *poder* (können), *tener* (haben), *aprender* (lernen), *leer* (lesen) und *ver* (sehen).
Wie sie konjugiert werden, lernen Sie auf der **Gramática**-Seite.

Das Umstandswort auf *-mente*

Einige Umstandswörter werden durch Anhängen von *-mente* an die weibliche Form des Eigenschaftswortes gebildet:
estupend**a** → estupend**amente**
→ Es una idea estupenda. (Es ist eine tolle Idee.)
→ Manolo come estupendamente. (Manolo isst hervorragend.)

Unpersönliche Sätze

Se hat mehrere Funktionen im Spanischen. Es wird unter anderem in unpersönlichen Sätzen verwendet, wo das Subjekt (wer?) nicht spezifiziert ist. Es entspricht dann dem deutschen „man":
→ ¿Dónde **se** come bien aquí? (Wo isst man hier gut?)

Verabschiedung

Im Allgemeinen sind *adiós* und *hasta luego* austauschbar. In den letzten Jahren hat sich allerdings *hasta luego* immer mehr durchgesetzt und man benutzt es sogar, wenn es sich um eine längere Trennung handelt. *Hasta luego* und *adiós* können auch zusammen gebraucht werden.

DIÁLOGO 5 1/18

Manolo (▲) ruft bei seinem Freund Pepe an und Rosario (●), die Frau von Pepe, geht ans Telefon.

- ● Dígame.
- ▲ ¿Está Pepe?
- ● ¿De parte de quién?
- ▲ De su amigo Manolo, Manolo García.
- ● Ah, Manolo, eres tú. ¿Cómo estás?
- ▲ Muy bien, y tú y los niños, ¿cómo estáis?
- ● Estamos bien, gracias. Pepe no está en este momento en casa.
- ▲ ¿Dónde está?
- ● Está en casa de sus padres.
- ▲ Pero tenéis tiempo para vernos esta noche, ¿no?
- ● Sí, claro, pero es mejor si comemos todos en nuestra casa.
- ▲ ¿En vuestra casa? Pero eso es mucho trabajo para ti.
- ● No te preocupes, ya está todo preparado.
- ▲ Bueno, si no es mucho trabajo …
- ● Claro que no. Os esperamos a las nueve, ¿vale?
- ▲ Vale, hasta las nueve.
- ● Hasta luego, Manolo.

- ● Hallo [Sagen Sie mir].
- ▲ Ist Pepe da?
- ● Wer ist am Apparat?
- ▲ Sein Freund Manolo, Manolo García.
- ● Ach so, Manolo, du bist's. Wie geht's?
- ▲ Sehr gut, und wie geht es dir und den Kindern?
- ● Es geht uns gut, danke. Pepe ist gerade nicht zu Hause.
- ▲ Wo ist er?
- ● Er ist bei seinen Eltern.
- ▲ Aber ihr habt doch Zeit, um uns heute Abend zu treffen [sehen], oder?
- ● Na klar, aber es ist besser, wenn wir alle bei uns essen.
- ▲ Bei euch? Aber das ist doch zu viel Arbeit für dich!
- ● Keine Sorge, es ist schon alles fertig.
- ▲ Gut, wenn es nicht zu viel Arbeit ist …
- ● Selbstverständlich nicht. Wir erwarten euch um 9 Uhr, einverstanden?
- ▲ Also gut, bis 9 Uhr.
- ● Bis später, Manolo.

Übungsdialoge 1/19

a. Diese Woche haben viele Freunde von Pepe angerufen, aber er war nie daheim. Hören Sie sich den Beispieldialog an und führen Sie dann die anderen Telefongespräche nach dem Muster:

- Dígame.
- ¿Está Pepe?
- No, Pepe no está en casa en este momento.
- ¿Dónde está? ¿Está en casa de su hija?
- No, está en el trabajo.

1. hija
2. padre
3. hijos
4. madre
5. padres

b. Hören Sie zunächst wieder das Beispiel und stellen Sie dann Fragen mit den gleichen Angaben:

- Hoy comemos en casa de nuestra hija.
- ¿En casa de vuestra hija?

Was man am Telefon sagt

In Spanien sagt man
→ Diga. / Dígame. [Sagen Sie. / Sagen Sie mir.],
wenn man zu Hause den Hörer abnimmt. Nur am Arbeitsplatz meldet man sich manchmal mit dem Namen der Firma. Der Anrufer stellt sich selten vor, er/sie fragt einfach nach der Person, mit der er/sie sprechen will:
→ ¿Está Pepe? (Ist Pepe da?)

Erst wenn man
→ ¿De parte de quién? (Wer ist am Apparat?)
fragt, stellt man sich vor. Aber diese Frage stellt man nicht immer, man holt meist einfach die verlangte Person.

Im Spanischen gibt es kein besonderes Abschiedswort am Telefon, man sagt auch
→ Adiós. / Hasta luego.

Estar II

Estar drückt auch das Ergebnis einer Handlung aus:
→ Ya está todo preparado. (Es ist alles schon fertig.)

Wörtliche Bedeutungen

En casa de (wörtlich: im Haus von). Das Verhältniswort *en* reicht nicht, wenn man ausdrücken will, dass man bei einer Person ist. In diesem Fall muss *en casa de* gesagt werden:
→ Está en casa de sus padres. (Er ist bei seinen Eltern.)

No te preocupes (wörtlich: mach dir keine Sorgen).

Vale (einverstanden, in Ordnung) wird in Spanien sehr oft benutzt, jedoch nicht in Lateinamerika.

DIÁLOGO 6 1/20

Am Abend ist Manolo (●) bei Pepe und Rosario. Sie (■) stellt ihn ihrer Tante Lola (▲) vor.

■ Manolo, te presento a mi tía Lola. Tía, éste es Manolo.
● Mucho gusto, señora.
▲ Encantada. Usted no es de aquí, ¿verdad?
● No, soy de Madrid, pero estoy aquí de vacaciones.
▲ Yo también soy de Madrid, pero estoy aquí para visitar a mi sobrina y para aprender catalán.
● ¿Aprende usted el catalán en una escuela?
▲ No, aprendo sola. Leo todos los días el periódico y veo mucho la televisión.
● Su sobrina ya sabe muy bien catalán, ¿verdad?
▲ Sí, claro, la gente joven aprende más rápido y además su marido es catalán.

■ Manolo, ich stelle dir meine Tante Lola vor. Tante, das ist Manolo.
● Freut mich sehr!
▲ Sehr angenehm. Sie sind nicht aus Barcelona, nicht wahr?
● Nein, ich bin aus Madrid, aber ich mache hier Urlaub.
▲ Ich bin auch aus Madrid, aber ich bin hier, um meine Nichte zu besuchen und um Katalanisch zu lernen.
● Lernen Sie Katalanisch in einer Schule?
▲ Nein, ich lerne allein. Ich lese jeden Tag [alle Tage] die Zeitung und sehe viel fern.
● Ihre Nichte kann schon sehr gut Katalanisch, nicht wahr?
▲ Ja klar, die jungen Leute lernen schneller und außerdem ist ihr Mann Katalane.

Übungsdialog 1/21

Hören Sie jetzt das Beispiel auf der CD und beantworten Sie die Fragen über Sie und Ihre Familie nach dem Muster:

- ¿Quién aprende catalán?
- ◆ Mi tía aprende catalán.

- ¿Quién lee el periódico?
- ◆ Mi tía lee el periódico para aprender catalán.

1. mi tía / catalán
2. yo / español
3. mis padres / inglés
4. mi sobrina / alemán
5. nosotros / francés

Das Verhältniswort *a*

wird verwendet zur Angabe des Akkusativs bei Personen (wen?):
→ Veo **a** mi tía. (Ich sehe meine Tante.)
Wenn es sich um unbestimmte Personen handelt, entfällt *a* meist:
→ Busco una secretaria. (Ich suche eine Sekretätin) ebenso nach dem Verb *tener*:
→ Tenemos un hijo. (Wir haben einen Sohn.)

Para + Infinitiv (Grundform)

Man kann *para* + Infinitiv benutzen, wenn das Subjekt von Haupt- und Nebensatz gleich ist:
→ **Yo** estoy aquí. (Ich bin da.) **Yo** aprendo catalán. (Ich lerne Katalanisch.)
→ **Yo** estoy aquí **para aprender** catalán. (Ich bin da, um Katalanisch zu lernen.)

Wörtliche Bedeutungen

Saber (wörtlich: wissen) wird auch benutzt, um eine gelernte Fähigkeit auszudrücken:
→ María sabe catalán. (María kann Katalanisch.)
→ Pepe sabe nadar. (Pepe kann schwimmen.)

Mucho gusto, señora (wörtlich: Sehr angenehm, meine Dame). Nach einer förmlichen Vorstellung kann man *señor / señora* hinzufügen.

Información

Spanisch ist die Muttersprache von über 300 Millionen Menschen und damit die am meisten verbreitete romanische Sprache. Neben der spanischen Hochsprache (*el castellano*) werden in Spanien drei weitere Sprachen gesprochen: Katalanisch (*el catalán*) spricht man in Katalonien, in der autonomen Region Valencia und auf den Balearen, Galicisch (*el gallego*) im Nordwesten Spaniens, in Galicien (es ist mit dem Portugiesischen verwandt und zählt, wie Spanisch und Katalanisch, zu den romanischen Sprachen) und Baskisch (*el euskera* oder *el vasco*), das im Norden Spaniens, im Baskenland, verbreitet ist.

GRAMÁTICA

LOS POSESIVOS I (DIE BESITZANZEIGENDEN FÜRWÖRTER)

In der ersten und zweiten Person Plural richten sie sich in Geschlecht und Zahl nach dem Hauptwort:

nuestro libro (unser Buch) **nuestros** libros (unsere Bücher)
vuestra casa (euer Haus) **vuestras** casas (eure Häuser)

In den anderen Personen sind die weibliche und die männliche Form gleich; man unterscheidet nur zwischen Einzahl und Mehrzahl:

mi padre (mein Vater) **mi** madre (meine Mutter)
mis hijos (meine Söhne) **mis** hijas (meine Töchter)
tu hermano (dein Bruder) **tu** hermana (deine Schwester)
tus sobrinos (deine Neffen) **tus** sobrinas (deine Nichten)
su primo (sein/ihr/Ihr Cousin) **su** prima (seine/ihre/Ihre Cousine)
sus tíos (seine/ihre/Ihre Onkel) **sus** tías (seine/ihre/Ihre Tanten)

ESTAR (SEIN, SICH BEFINDEN)

(yo) est**oy** ich bin
(tú) est**ás** du bist
(él/ella/usted) est**á** er/sie/es ist / Sie sind
(nosotros/nosotras) est**amos** wir sind
(vosotros/vosotras) est**áis** ihr seid
(ellos/ellas/ustedes) est**án** sie/Sie sind

DIE VERBEN AUF *-ER*

(yo) com**o** ich esse
(tú) com**es** du isst
(él/ella/usted) com**e** er/sie/es isst / Sie essen
(nosotros/nosotras) com**emos** wir essen
(vosotros/vosotras) com**éis** ihr esst
(ellos/ellas/ustedes) com**en** sie/Sie essen

EJERCICIOS
Ejercicios escritos

1. Bilden Sie die richtige Form der Verben in Klammern:

a. María y Pepe (leer) el periódico.
b. Peter (estar) en España para (aprender) español.
c. Vosotros no (ver) mucho la televisión.
d. Mónica y yo (tener) tiempo hoy.
e. Tú no (saber) catalán.

2. Schreiben Sie die richtige Form von *ser* oder *estar* in die Lücken:

a. ¿Cómo … (tú)? – … muy bien, gracias.
b. Mis padres no … hoy en casa.
c. ¿De dónde … (vosotros)?
d. Vosotros … bien, ¿verdad?
e. Pedro … estudiante.

3. Übersetzen Sie die folgenden Sätze ins Spanische:

a. Meine Eltern sind zu Hause.
b. Unsere Söhne studieren in Barcelona.
c. Sie isst heute bei ihrer Mutter.
d. Ich sehe deine Tante jeden Tag.
e. Eure Freundin lernt Spanisch.
f. Du liest seine Zeitung.

Ejercicios orales 1/22-25

1. Hören Sie sich die Zahlen bis 100 auf der CD an und sprechen Sie sie dann so genau wie möglich nach.

2. Sie hören nun einige Telefonnummern. Können Sie sie aufschreiben?

a. El número de teléfono de mi tía es el 957/56/26/0/7.
b. mis padres _____
c. nuestra sobrina _____
d. mi hija _____
e. nuestro hijo _____
f. mi madre _____

3. Hören Sie sich an, wie die Buchstaben des Alphabets ausgesprochen werden, und wiederholen Sie sie dann laut.

a	a	n	ene
b	be	ñ	eñe
c	ce	o	o
ch	che	p	pe
d	de	qu	cu
e	e	r	ere
f	efe	rr	erre
g	ge	s	ese
h	hache	t	te
i	i	u	u
j	jota	v	uve
k	ka	w	uve doble
l	ele	x	equis
ll	elle	y	y griega
m	eme	z	zeta

4. Arbeiten Sie nun die weiteren Übungen auf der CD durch.

¿Cómo estás? — **LECCIÓN 2**

VOCABULARIO

Begrüßung und Abschied

¿Cómo estás?	Wie geht es dir?
¿Qué tal?	Wie geht's?
¿Cómo está usted?	Wie geht es Ihnen?
Adiós.	Auf Wiedersehen.
Hasta luego.	Tschüs. / Bis später.

Zur eigenen Person

Estoy muy bien / mal.	Es geht mir sehr gut / schlecht.
Estoy de vacaciones.	Ich mache Urlaub.
Estoy aquí para aprender catalán.	Ich bin hier, um Katalanisch zu lernen.
Leo el periódico.	Ich lese die Zeitung.
Veo mucho la tele.	Ich sehe viel fern.

Informationen einholen

¿Qué haces aquí en Barcelona?	Was machst du hier in Barcelona?
¿Dónde está Pepe?	Wo ist Pepe?
¿Está Pepe?	Ist Pepe da?
¿De parte de quién?	Wer ist am Apparat?
¿Aprende Vd. en una escuela?	Lernen Sie in einer Schule?

Jemanden vorstellen

Te presento a mi tía.	Ich stelle dich meiner Tante vor.
Éste es Manolo.	Das ist Manolo.
Ésta es María.	Das ist María.
Mucho gusto.	Sehr erfreut.
Encantado. / Encantada.	Angenehm.

Informationen über Leute

Ella sabe catalán.	Sie kann Katalanisch.
Su marido es catalán.	Ihr Mann ist Katalane.
Pepe no está en casa.	Pepe ist nicht zu Hause.
Está en casa de sus padres.	Er ist bei seinen Eltern.

Weitere Ausdrücke

¿Vale?	Gut? / Einverstanden? / Recht so?
De acuerdo.	Einverstanden.
Dígame.	Hallo.
No te preocupes.	Keine Sorge. / Keine Angst.
Sí, claro, …	Ja klar, …

Die Zahlen bis 100

31	treinta y uno/una	52	cincuenta y dos
32	treinta y dos	60	sesenta
33	treinta y tres	63	sesenta y tres
34	treinta y cuatro	70	setenta
35	treinta y cinco	74	setenta y cuatro
36	treinta y seis	80	ochenta
37	treinta y siete	85	ochenta y cinco
38	treinta y ocho	90	noventa
39	treinta y nueve	96	noventa y seis
40	cuarenta	100	cien
41	cuarenta y uno/una	101	ciento uno/una
50	cincuenta		

1/26

Hören Sie sich die folgenden zusätzlichen Verwandtschaftsbezeichnungen auf der CD an und achten Sie auf die Aussprache.

el marido / el esposo	Ehemann
la mujer / la esposa	Ehefrau
los hermanos	Geschwister / Brüder
el abuelo, la abuela	Großvater, Großmutter
los abuelos	Großeltern / Großväter
el cuñado, la cuñada	Schwager, Schwägerin
el suegro, la suegra	Schwiegervater, Schwiegermutter
los suegros	Schwiegereltern
el yerno, la nuera	Schwiegersohn, Schwiegertochter

CONVERSACIÓN 1/27

Hören Sie sich nun die Anweisungen auf der CD an und nehmen Sie wieder an der Unterhaltung teil.

¿Dónde vives? —— **LECCIÓN** 3

DIÁLOGO 7 2/1

Luisa (●) und Carmen (▲) wohnen jetzt in Sevilla, aber sie sind ursprünglich aus einer anderen Stadt.

● ¿Desde cuándo vives en Sevilla?
▲ Vivo en Sevilla desde hace tres años.
● ¿Por qué vives aquí?
▲ Porque en la ciudad donde viven mis padres no hay universidad.
● Ah, igual que yo. ¿No echas de menos a tu familia?
▲ Sí, la echo un poco de menos, pero nos escribimos con frecuencia.
● ¿Recibes también cartas de amigos?
▲ Sí, claro, y cuando las recibo, siempre me alegro mucho.
● A mí mi familia no me escribe nunca, ellos siempre me llaman por teléfono.
▲ Bueno, es mucho más rápido y cómodo.
● Sí, pero no es tan interesante como recibir una carta.

● Seit wann wohnst du in Sevilla?
▲ Ich wohne seit drei Jahren in Sevilla.
● Warum wohnst du da?
▲ Weil es in der Stadt, wo meine Eltern wohnen, keine Universität gibt.
● Ah, genau wie bei mir [wie ich]. Vermisst du deine Familie nicht?
▲ Doch, ich vermisse sie ein bisschen, aber wir schreiben uns oft.
● Bekommst du auch Briefe von Freunden?
▲ Na klar, und wenn ich sie bekomme, freue ich mich sehr.
● Meine Familie schreibt mir nie, sie rufen mich immer an.
▲ Na ja, das geht schneller und ist bequemer.
● Ja, aber es ist nicht so interessant, wie einen Brief zu bekommen.

Übungsdialoge 2/2

a. Hören Sie sich das Beispiel auf der CD an und beantworten Sie dann die Fragen nach dem Muster:

■ ¿Desde cuándo vive Raúl en Salamanca?
◆ Raúl vive en Salamanca desde hace un año.

1. Raúl / Salamanca / un año
2. Yo / Córdoba / tres meses (Monate)
3. Nosotros / Lima / diez años
4. Mis padres / Quito / ocho meses
5. Luisa / Managua / siete semanas (Wochen)

b. Hören Sie sich jetzt das Beispiel an und verneinen Sie entsprechend die anderen Fragen:

■ ¿Recibes cartas de tu familia?
◆ No, no recibo cartas de mi familia.

LECCIÓN 3 — ¿Dónde vives?

Fürwörter I

Die unbetonten persönlichen Fürwörter stehen normalerweise vor dem konjugierten Verb:
- → **Nos** escribimos con frecuencia. (Wir schreiben uns oft.)
- → **Me** alegro mucho. (Ich freue mich sehr.)

Die Fürwörter der 3. Person stimmen in Geschlecht und Zahl mit dem Wort überein, das sie ersetzen. Diese Fürwörter sind identisch mit den Artikeln, mit Ausnahme von *lo* (männlich Einzahl):
- → ¿Recibes **cartas**? (Bekommst du Briefe?)
- → Sí, **las** recibo. (Ja, ich bekomme sie.)

- → ¿Compras **un coche**? (Kaufst du einen Wagen?)
- → Sí, **lo** compro. (Ja, ich kaufe ihn.)

Die doppelte Verneinung

Wenn ein Verneinungswort hinter dem Verb steht, muss *no* vor das Verb gestellt werden:
- → Mi familia **no** me escribe **nunca**. (Meine Familie schreibt mir nie.)
- → **No** le escribe **nadie**. (Niemand schreibt ihm.)

Steht das Verneinungswort vor dem Verb, dann gibt es keine doppelte Verneinung:
- → Mi familia **nunca** me escribe.
- → **Nadie** le escribe.

Der Vergleich

Durch *tan* + Eigenschaftswort + *como* wird eine Gleichheit ausgedrückt:
- → Pedro es **tan** interesante **como** Manolo. (Pedro ist so interessant wie Manolo.)

Mehr zum Thema Vergleich und Steigerung erfahren Sie in Lektion 9 und 10.

Die Verben auf *-ir*

Vivir, *escribir* und *recibir* gehören zur dritten Gruppe. Diese Verben auf *-ir* werden wie die auf *-er* konjugiert, ausgenommen die 1. und 2. Person Mehrzahl:
- → escrib**imos** (wir schreiben) / com**emos** (wir essen)
- → escrib**ís** (ihr schreibt) / com**éis** (ihr esst)

DIÁLOGO 8 2/3

Carmen (●) verbringt ein paar Tage in der kleinen Stadt, wo ihre Eltern wohnen, und eine Freundin ihrer Mutter (▲) will unbedingt wissen, wie Sevilla ist.

▲ ¿Cómo es Sevilla?
● Es una ciudad bastante grande y …
▲ ¿Hay muchos cines y teatros?
● Bueno, hay muchos cines, pero sólo hay dos teatros importantes.
▲ ¿Hay muchos monumentos en Sevilla?
● Sí, hay muchos monumentos. En Sevilla hay, por ejemplo, una gran catedral y …
▲ La Giralda también está en Sevilla, ¿no?
● Sí, claro, en Sevilla también está la Giralda.
▲ Pero en una ciudad tan grande e importante seguro que hay mucho tráfico.
● Bueno, sí hay mucho tráfico, pero también hay zonas peatonales y varios parques hermosísimos.

▲ Wie ist Sevilla?
● Es ist eine ziemlich große Stadt und …
▲ Gibt es viele Kinos und Theater?
● Also, es gibt viele Kinos, aber es gibt nur zwei wichtige Theater.
▲ Gibt es viele Sehenswürdigkeiten in Sevilla?
● Ja, es gibt viele Sehenswürdigkeiten. In Sevilla ist zum Beispiel ein großer Dom und …
▲ Die Giralda ist auch in Sevilla, oder?
● Ja freilich, in Sevilla ist auch die Giralda.
▲ Aber in einer so großen, wichtigen Stadt gibt es sicher viel Verkehr.
● Na ja, es gibt viel Verkehr, aber es gibt auch Fußgängerzonen und mehrere wunderschöne Parks.

Übungsdialoge 2/4

a. Sehen Sie sich die Informationen an und hören Sie das Beispiel auf der CD. Antworten Sie auf die gleiche Weise.

■ ¿Hay teatros en Sevilla?
◆ Sí, hay dos teatros en Sevilla.

1. Sevilla / dos teatros / la Giralda
2. Granada / muchos monumentos / la Alhambra
3. Barcelona / varios parques / la Sagrada Familia
4. Madrid / mucho tráfico / el Museo del Prado
5. Salamanca / varios cines / la Casa de las Conchas

b. Hören Sie sich das Beispiel auf der CD an und beantworten Sie die Fragen nach den gleichen Angaben wie oben:

■ ¿Está la Alhambra en Sevilla?
◆ No, en Sevilla está la Giralda.

38 LECCIÓN 3 — ¿Dónde vives?

Das Eigenschaftswort III

Die Eigenschaftswörter auf -e unterscheiden sich in der männlichen und weiblichen Form nicht:
- → una ciudad grande (eine große Stadt)
- → un coche grande (ein großer Wagen)

In der Mehrzahl wird ein -s angehängt:
- → Hay dos teatros importantes. (Es gibt zwei wichtige Theater.)

-ísimo = muy + Eigenschaftswort

Mit der Endung -ísimo, die an den Stamm des Eigenschaftswortes angehängt wird, drückt man einen hohen Steigerungsgrad aus:
- → un parque hermoso (ein schöner Park)
- → un parque hermosísimo (ein sehr schöner / wunderschöner Park)

Grande → gran

Bei Voranstellung in der Einzahl wird *grande* zu *gran* verkürzt:
- → una gran catedral (ein großer Dom)
- → un gran parque (ein großer Park)

Bei Nachstellung und in der Mehrzahl bleibt *grande* unverkürzt:
- → una catedral grande (ein großer Dom)
- → grandes casas (große Häuser)

Die Bindewörter *y* (und) und *o* (oder)

Vor einem Wort, das mit *i* anfängt, wird *y* zu *e*:
- → una ciudad grande e importante (eine große, wichtige Stadt)

Vor einem Wort, das mit *o* anfängt, wird *o* zu *u*:
- → María u Octavio (María oder Octavio)

¿ Información

Sevilla liegt im Südwesten Spaniens und ist die Hauptstadt von Andalusien. Diese Stadt hat in der spanischen Geschichte eine wichtige Rolle gespielt, z. B. während der maurischen Zeit oder später im Handel zwischen Spanien und Lateinamerika.

Die Giralda, ein maurischer Turm aus dem 12. Jahrhundert, ist eine der vielen Sehenswürdigkeiten von Sevilla. Dieser Turm war das Minarett einer Moschee und dient jetzt als Glockenturm eines gotischen Doms.

DIÁLOGO 9 2/5

Carmen (●) unterhält sich gerade mit einer Freundin (▲), die in Sevilla eine neue Wohnung gemietet hat.

● El piso es bastante grande, ¿no?
▲ Sí, tiene tres dormitorios, la sala de estar, la cocina y dos cuartos de baño.
● ¿Tiene también balcón?
▲ Sí, tiene balcón y abajo un garaje con trastero. Es realmente bastante grande.
● Además, según creo, no está muy lejos del trabajo.
▲ No, está en la calle Sol, a cinco minutos de la oficina.
● En esa calle también hay tiendas, ¿verdad?
▲ Sí, hay un supermercado muy cerca y la panadería también está al lado de mi casa.
● Chica, el piso es realmente perfecto.
▲ Bueno, casi perfecto …
● ¿Casi perfecto?
▲ Sí, el piso no es muy tranquilo porque por la calle Sol pasan muchos coches incluso por la noche.

● Die Wohnung ist ziemlich groß, oder?
▲ Ja, sie hat drei Schlafzimmer, Wohnzimmer, Küche und zwei Bäder.
● Hat sie auch einen Balkon?
▲ Ja, sie hat einen Balkon und unten eine Garage mit Abstellraum. Sie ist wirklich ziemlich groß.
● Außerdem ist sie, glaube ich, nicht sehr weit weg von deinem Arbeitsplatz.
▲ Nein, sie ist in der Calle Sol, fünf Minuten vom Büro.
● In dieser Straße gibt es doch auch Geschäfte, oder?
▲ Ja, ein Supermarkt ist in der Nähe und die Bäckerei ist auch gleich um die Ecke [neben meinem Haus].
● Du, die Wohnung ist einfach perfekt.
▲ Na ja, fast perfekt …
● Fast perfekt?
▲ Ja, die Wohnung ist nicht sehr ruhig, weil sogar in der Nacht viele Autos durch die Calle Sol fahren.

Übungsdialog 2/6

Sehen Sie sich die Tabelle an und hören Sie das Beispiel auf der CD. Antworten Sie dann nach demselben Muster:

■ ¿Tiene el piso de Carlos garaje?
◆ No, el piso de Carlos no tiene garaje.

			sí	no
1. Carlos	garaje		☐	☒
2. Laura	trastero		☒	☐
3. Pedro	balcón		☒	☐
4. Juan	panadería cerca		☐	☒
5. Rosa	supermercado cerca		☒	☐

LECCIÓN 3 — ¿Dónde vives?

Das Verb *tener*

Tener (haben) hat zwei Unregelmäßigkeiten. Die erste ist ein eingeschobenes *g* in der ersten Person Einzahl; die zweite ist die Diphthongierung des Vokales *e* der Stammsilbe in den stammbetonten Formen (*e > ie*):
yo ten**g**o nosotros/-as tenemos
tú t**ie**nes vosotros/-as tenéis
él/ella/Vd. t**ie**ne ellos/ellas/Vds. t**ie**nen

Fragewörter I

Bis zu diesem Dialog haben Sie schon die folgenden Fragewörter kennen gelernt:
¿**Quién/-es**? (Wer?)
→ ¿Quién es ese chico? (Wer ist dieser Junge?)
¿**Cuándo**? (Wann?)
→ ¿Desde cuándo vives en Sevilla? (Seit wann wohnst du in Sevilla?)
¿**Por qué**? (Warum?)
→ ¿Por qué vives aquí? (Warum wohnst du hier?)
¿**Cómo**? (Wie?)
→ ¿Cómo es Sevilla? (Wie ist Sevilla?)
¿**Dónde**? (Wo?)
→ ¿Dónde se come bien en Barcelona? (Wo isst man gut in Barcelona?)
¿**De dónde**? (Woher?)
→ ¿De dónde eres? (Woher bist du?)
¿**Qué**? (Was?)
→ ¿Qué haces aquí en Barcelona? (Was machst du hier in Barcelona?)

Das Geschlecht der Hauptwörter II

Hauptwörter auf *-e* können entweder männlich oder weiblich sein; es gibt keine Regel:
→ **el** garaje
→ **la** noche

De + el → del

Das Verhältniswort *de* wird mit dem bestimmten Artikel *el* zu *del* zusammengezogen:
→ No está muy lejos **del** trabajo. (Sie ist nicht sehr weit weg vom Arbeitsplatz.)

Wörtliche Bedeutungen

Chica (wörtlich: Mädchen) drückt hier die Begeisterung des Gesprächspartners aus.

GRAMÁTICA

DIE VERBEN AUF -*IR*

(yo) viv**o**	ich lebe
(tú) viv**es**	du lebst
(él/ella/usted) viv**e**	er/sie/es lebt / Sie leben
(nosotros/nosotras) viv**imos**	wir leben
(vosotros/vosotras) viv**ís**	ihr lebt
(ellos/ellas/ustedes) viv**en**	sie/Sie leben

HAY ↔ *ESTAR*

Der unpersönliche Ausdruck *hay* ist unveränderlich und wird benutzt, wenn man von der Existenz von Personen oder Sachen spricht:
→ Hay muchos cines en Sevilla. (Es gibt viele Kinos in Sevilla.)

Bei Ortsangaben werden *hay* und *estar* nach folgenden Regeln verwendet:

HAY

Hauptwort mit unbestimmtem Artikel
→ En la calle Sol hay un supermercado. (In der Calle Sol gibt es einen Supermarkt.)

Hauptwort ohne Artikel (außer Eigennamen)
→ En esa calle también hay tiendas. (In dieser Straße gibt es auch Geschäfte.)

Unbestimmte Menge (*muchos, varios, poco, …*)
→ En Sevilla hay varios parques. (In Sevilla gibt es mehrere Parks.)

Zahl ohne Artikel
→ En Sevilla hay dos teatros importantes. (In Sevilla gibt es zwei wichtige Theater.)

ESTAR

Hauptwort mit bestimmtem Artikel
→ La panadería está en la calle Sol. (Die Bäckerei ist in der Calle Sol.)
→ Las tiendas están en esta calle. (Die Geschäfte sind in dieser Straße.)

Eigennamen oder persönliches Fürwort (*yo, tú, …*)
→ Carmen está en Sevilla. (Carmen ist in Sevilla.)
→ Nosotros estamos en Sevilla. (Wir sind in Sevilla.)

Hauptwort mit hinweisendem oder besitzanzeigendem Fürwort
→ Ese monumento está en Sevilla. (Diese Sehenswürdigkeit ist in Sevilla.)
→ Mi madre está en Sevilla. (Meine Mutter ist in Sevilla.)

EJERCICIOS
Ejercicios escritos

1. Setzen Sie *hay* oder *estar* ein:

a. En la mesa … tres libros.
b. Los libros … en la mesa.
c. … un libro en la mesa.
d. En la mesa … el libro de español.
e. En la mesa … muchos libros.

2. Füllen Sie die Lücken mit der richtigen Form eines Verbs auf -*ir*:

a. Nosotros … muchas cartas de nuestros amigos.
b. Vosotros no … nunca a vuestra familia.
c. ¿Dónde … (tú)?
d. En la ciudad donde … mis padres no hay universidad.

3. Setzen Sie die richtige Form des in Klammern angegebenen Eigenschaftswortes ein:

a. Estos libros son muy … (importante).
b. En esa ciudad hay una … (grande) catedral.
c. Esta ciudad es muy … (interesante).
d. Tu piso es bastante … (grande).
e. Tus amigas son muy … (guapa).

Ejercicios orales 2/7-9

1. Hören Sie zweimal den Dialog auf der CD und kreuzen Sie an, welche Aussagen richtig sind und welche nicht.

	sí	no
a. María vive en esa ciudad desde hace seis años.	❏	❏
b. Esa ciudad es muy interesante.	❏	❏
c. Los padres de María viven en Carmona.	❏	❏
d. María escribe con frecuencia a sus padres.	❏	❏

Im Barrio de Santa Cruz *in Sevilla*

2. Hören Sie sich auf der CD an, wie die folgenden Laute und Lautkombinationen ausgesprochen werden, und sprechen Sie diese dann so genau wie möglich nach.

b, v	hablar, nueve, vivir, Bolivia, bueno
ca, que, qui, co, cu	casa, parque, aquí, comer, Cuba
cr, cl	Cristina, claro
za, ce, ci, zo, zu, -z	Zaragoza, cero, cinco, zona, Venezuela, Gómez
ch	mucha, coche, Chile, chocolate
ga, gue, gui, go, gu	García, Rodríguez, Guinea, luego, guapo
gr, gl	gracias, inglés
ge, gi, ja, je, ji, jo, ju	Argentina, colegio, baja, mujer, Jiménez, hijo, juntos
h	hablar, hija, hoy
ll, y	llamar, yo, yerno, Mallorca
y	y, muy, soy
ñ	España, español
r	camarero, marido, hablar, carta, gracias
r, rr	rápido, realmente, terraza, perro

3. Arbeiten Sie nun die weiteren mündlichen Übungen auf der CD durch.

Auf der Feria *von Sevilla*

VOCABULARIO

Informationen einholen

¿Desde cuándo vives aquí?	Seit wann wohnst du hier?
¿Por qué vives aquí?	Warum wohnst du hier?
¿No echas de menos a tu familia?	Vermisst du deine Familie nicht?
¿Recibes también cartas de amigos?	Bekommst du auch Briefe von Freunden?
¿Tiene tu piso balcón?	Hat deine Wohnung einen Balkon?

Fragen, ob etwas vorhanden ist

¿Hay muchos cines y teatros en Sevilla?   Gibt es viele Theater und Kinos in Sevilla?

¿Hay muchos monumentos en Sevilla?   Gibt es viele Bauwerke in Sevilla?

Ortsangaben

La Giralda está en Sevilla.   Die Giralda ist in Sevilla.
Hay un supermercado muy cerca.   Ein Supermarkt ist um die Ecke.
La panadería también está al lado de mi casa.   Eine Bäckerei ist auch bei mir um die Ecke.

In der Stadt

el cine	Kino
el teatro	Theater
el monumento	Bauwerk
el tráfico	Verkehr
la zona peatonal	Fußgängerzone
el parque	Park
la tienda	Geschäft
el supermercado	Supermarkt
la panadería	Bäckerei

Die Wohnung

el dormitorio	Schlafzimmer
la sala de estar	Wohnzimmer
la cocina	Küche
el cuarto de baño	Bad
el balcón	Balkon
el trastero	Abstellraum

 2/10

Hören Sie sich nun die Nationalitätsbezeichnungen von einigen Ländern an, wo auch Spanisch gesprochen wird, und achten Sie auf die Aussprache.

Argentina: argentino/a/os/as	Argentinien: Argentinier/-in
¿Es usted argentino?	Sind Sie Argentinier?
Bolivia: boliviano/a/os/as	Bolivien: Bolivianer/-in
¿Eres boliviana?	Bist du Bolivianerin?
Colombia: colombiano/a/os/as	Kolumbien: Kolumbianer/-in
¿Son ustedes colombianos?	Sind Sie Kolumbianer?
Costa Rica: costarricense/es	Costa Rica: Costaricaner/-in
¿Sois costarricenses?	Seid ihr Costaricaner?
Cuba: cubano/a/os/as	Kuba: Kubaner/-in
¿Son esas chicas cubanas?	Sind diese Mädchen Kubanerinnen?
Chile: chileno/a/os/as	Chile: Chilene/Chilenin
¿Eres chileno?	Bist du Chilene?
República Dominicana: dominicano/a/os/as	Dominikanische Republik: Dominikaner/-in
Méjico: mejicano/a/os/as	Mexiko: Mexikaner/-in
Perú: peruano/a/os/as	Peru: Peruaner/-in
Puerto Rico: puertorriqueño/a/os/as	Puerto Rico: Puertoricaner/-in
Venezuela: venezolano/a/os/as	Venezuela: Venezolaner/-in

CONVERSACIÓN 2/11

Hören Sie sich nun die Anweisungen auf der CD an und nehmen Sie an der Unterhaltung teil.

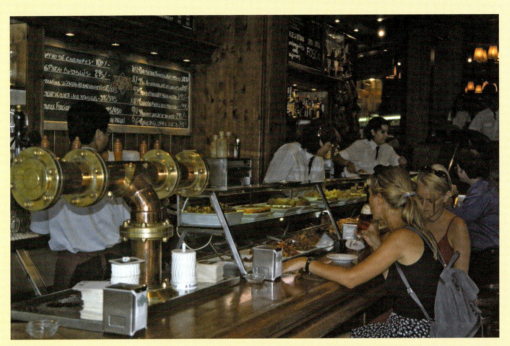

¡Una cerveza, por favor! —— LECCIÓN

DIÁLOGO 10 2/12

Herr Rodríguez (▲) und Frau Pérez (●) haben jetzt Feierabend. Bevor sie nach Hause fahren, gehen sie in eine Kneipe und bestellen etwas bei einem Kellner (■).

▲ ¿Vamos a un bar antes de ir a casa?
● Sí, vale. Podemos ir al bar «La tortilla» que está ahí en la esquina.
(En el bar)
▲ ¿Qué vas a tomar?
● Una cerveza, ¿y tú?
▲ Yo voy a pedir un vino tinto. ¡Oiga, por favor! (al camarero)
■ Sí, ¿qué van a tomar los señores?
▲ Nos trae, por favor, una cerveza y un vaso de tinto, y ¿qué tapas tienen?
■ Tenemos caracoles, ensaladilla, tortilla, aceitunas, boquerones fritos, paella, ...
▲ ¡Cuántas cosas! A mí me va a traer una tapa de caracoles.
● Y a mí me va a poner una tapa de ensaladilla.
■ Muy bien, en seguida las traigo.
▲ En este bar están los caracoles muy ricos.
● Sí, todas las tapas están muy ricas en este bar.

▲ Gehen wir in eine Kneipe, bevor wir heimfahren?
● Ja, gut. Wir können in die „La tortilla" gehen, die dort an der Ecke ist.
(In der Kneipe)
▲ Was magst du trinken?
● Ein Bier, und du?
▲ Ich werde einen Rotwein bestellen. Entschuldigen Sie! [Hören Sie bitte!] (zum Kellner)
■ Ja, was darf es sein? [Was werden die Herrschaften nehmen?]
▲ Bringen Sie uns bitte ein Bier und ein Glas Rotwein, und was für *Tapas* haben Sie?
■ Wir haben Schnecken, Kartoffelsalat, Kartoffelomelette, Oliven, frittierte Sardellen, Paella, ...
▲ So viele Sachen! Bringen Sie mir eine kleine Portion Schnecken.
● Und mir eine kleine Portion Kartoffelsalat.
■ In Ordnung. Kommt sofort. [Ich bringe sie sofort.]
▲ In dieser Kneipe schmecken die Schnecken sehr gut.
● Ja, alle Tapas schmecken in dieser Kneipe sehr gut.

LECCIÓN 4 —— ¡Una cerveza, por favor!

Übungsdialoge 2/13

a. Hören Sie sich den Beispieldialog auf der CD an und übernehmen Sie dann die Rollen der angegebenen Personen:

- ¿Qué van a tomar los señores?
- ◆ A mí me trae, por favor, un tinto y a mi amigo una cerveza.

1. Juan: tinto
   Manolo: cerveza
2. Marta: un vino blanco
   Carmen: un zumo de naranja
   (Orangensaft)
3. Marcos: un refresco de limón
   (Zitronenlimonade)
   Nuria: un vaso de sangría

b. Hören Sie sich nun Juans Meinung an und antworten Sie dann für Manolo, Marta, Carmen, Marcos und Nuria nach demselben Muster. Achten Sie dabei auf Geschlecht und Zahl der Wörter:

- ¿Vas a comer tortilla?
- ◆ Sí, en este bar la tortilla está muy rica.

1. Juan: tortilla
2. Manolo: ensaladilla
3. Marta: boquerones
4. Carmen: caracoles
5. Marcos: aceitunas
6. Nuria: paella

Información

Tapas sind Appetithappen, die man in fast jeder Kneipe bestellen kann. In der Regel ist das Angebot groß und man kann immer eine Kleinigkeit zum Bier oder Wein essen. Eine in vielen Variationen erhältliche *tapa* ist die *tortilla*. Man darf übrigens die spanische und die mexikanische *tortilla* nicht verwechseln. Die spanische *tortilla* ist ein Kartoffelomelette, die mexikanische ein Maisfladen.

In vielen Kneipen kann man auch *raciones* bestellen, die größer als *tapas* sind. Wenn mehrere Personen zusammen essen, stellt man die *raciones* in die Mitte, so dass sich jeder bedienen kann.

Ir

Das unregelmäßige Verb *ir* (gehen, fahren) wird zur Angabe eines Ziels von dem Verhältniswort *a* begleitet:
- ➔ Vamos a un bar. (Wir gehen in eine Kneipe.)
- ➔ Voy a Madrid. (Ich fahre nach Madrid.)
- ➔ Va a España. (Er/Sie geht nach Spanien.)

Ir a + Infinitiv (Grundform)

Mit *ir a* + Infinitiv wird eine zukünftige Handlung ausgedrückt:
- ➔ Mañana vamos a estudiar español. (Morgen werden wir Spanisch lernen.)

Durch *ir a* + Infinitiv kann man auch eine Absicht ausdrücken:
- ➔ ¿Qué vas a beber? (Was magst du trinken?)

A + *el* ➔ *al*

Das Verhältniswort *a* wird mit dem bestimmten Artikel *el* zu *al* zusammengezogen:
- ➔ ¿Vamos **al** bar «La tortilla»? (Gehen wir in die Bar „La tortilla"?)

Unregelmäßige Verben in der ersten Person

Bei einigen Verben ist nur die erste Person Einzahl unregelmäßig, z.B.:
traer ➔ yo traigo
- ➔ En seguida traigo la cerveza. (Ich bringe sofort das Bier.)

hacer ➔ yo hago
- ➔ No hago nada. (Ich mache nichts.)

salir ➔ yo salgo
- ➔ Hoy no salgo. (Heute gehe ich nicht aus.)

poner ➔ yo pongo
- ➔ Pongo el libro en la mesa. (Ich lege das Buch auf den Tisch.)

saber ➔ yo sé
- ➔ No lo sé. (Ich weiß es nicht.)

ver ➔ yo veo
- ➔ Veo a mi madre. (Ich sehe meine Mutter.)

Wörtliche Bedeutungen

- ➔ *Oiga* (wörtlich: Hören Sie) wird gebraucht, um eine Person aufmerksam zu machen, z. B. wenn man den Kellner zu sich ruft.
- ➔ *Tomar* (wörtlich: nehmen) kann in einigen Kontexten als Synonym für *beber* (trinken) oder *comer* (essen) benutzt werden.
- ➔ *Están muy ricas* (wörtlich: Sie sind sehr gut.). *Estar* heißt hier „schmecken".

DIÁLOGO 11 2/14

Nach einem arbeitsreichen Vormittag hat Herr Rodríguez (●) beschlossen, dass er sich ein richtiges Mittagessen in einem guten Restaurant verdient hat.

▲ Buenas tardes, señor. Aquí tiene la carta.
● Muchas gracias. ¡Huy! ¡Tienen ustedes muchas cosas! ¿Me puede recomendar algo?
▲ Por supuesto. De primer plato le recomiendo la sopa de ajo. Está muy rica.
● No, no, hace mucho calor para una sopa de ajo. ¿No tienen gazpacho?
▲ Claro, señor. El gazpacho es una de nuestras especialidades.
● Bueno, entonces me trae de primer plato el gazpacho y de segundo …
▲ De segundo le recomiendo el cordero al horno.
● No, no, la carne no me gusta mucho. ¿No tienen pescado?
▲ Sí, señor, claro que tenemos pescado. El lenguado a la plancha, por ejemplo, está exquisito.
● Entonces, por favor, me trae de segundo plato un lenguado con ensalada y verduras, y para beber una copa de vino.
(Un rato después)
▲ ¿Quiere el señor algo de postre?
● No, gracias, sólo la cuenta, por favor. Tengo un poco de prisa.

▲ Guten Tag, mein Herr. Hier haben Sie die Speisekarte.
● Vielen Dank. Oh! Sie haben aber viele Sachen! Können Sie mir etwas empfehlen?
▲ Selbstverständlich. Als Vorspeise empfehle ich Ihnen die Knoblauchsuppe. Sie schmeckt sehr gut.
● Oh nein, es ist zu warm für eine Knoblauchsuppe. Haben Sie Gazpacho? [kalte Gemüsesuppe]
▲ Selbstverständlich, mein Herr. Gazpacho ist eine unserer Spezialitäten.
● Gut, dann bringen Sie mir Gazpacho als Vorspeise und als Hauptgericht …
▲ Als Hauptgericht empfehle ich Ihnen gebratene Lammkeule.
● Nein danke, ich mag Fleisch nicht so gern. Haben Sie Fisch?
▲ Ja, mein Herr. Wir haben selbstverständlich Fisch. Zum Beispiel die gegrillte Seezunge schmeckt ausgezeichnet.
● Dann bringen Sie mir bitte eine Seezunge mit Salat und Gemüse, und zum Trinken ein Glas Wein.
(Ein wenig später)
▲ Möchten Sie eine Nachspeise?
● Nein danke, nur die Rechnung bitte. Ich habe es ein bisschen eilig.

Übungsdialog 🔊 2/15

Hören Sie zunächst das Beispiel und nehmen Sie dann an dem Dialog teil, indem Sie die Angaben rechts verwenden:

- De segundo plato le recomiendo la carne de cordero al horno.

◆ No, no, la carne no me gusta mucho. ¿No tienen pescado?

1. carne: no – pescado: sí
2. paella: no – carne: sí
3. pescado: no – verduras: sí
4. gazpacho: no – ensalada: sí
5. sopa de ajo: no – gazpacho: sí

Muy / mucho

Mucho/a/os/as steht als Eigenschaftswort beim Hauptwort:
→ ¡Tienen muchas cosas! (Sie haben aber viele Sachen!)
Mucho steht außerdem als Umstandswort (unveränderlich) beim Verb:
→ Me gusta mucho. (Es schmeckt mir sehr.)

Muy ist immer unveränderlich und steht vor einem Eigenschafts- oder Umstandswort:
→ La comida está muy rica. (Das Essen schmeckt sehr gut.)
→ Juan trabaja muy bien. (Juan arbeitet sehr gut.)

Verbgruppe mit der Veränderung *e > ie*

Erinnern Sie sich: Bei bestimmten Verben – *tener* haben Sie schon kennen gelernt – wird der Vokal *e* der Stammsilbe in den vier stammbetonten Formen zu *ie*. Diese stammbetonten Formen sind die drei Personen Einzahl und die dritte Person Mehrzahl. Zu dieser Gruppe gehören unter anderem: *recomendar* (empfehlen), *querer* (wollen, lieben), *pensar* (denken), *entender* (verstehen), *empezar* (anfangen):
→ Le recom**ie**ndo la sopa de ajo. (Ich empfehle Ihnen die Knoblauchsuppe.)

Hace mucho calor

Im Spanischen wird das Verb *hacer* (machen) benutzt, um das Wetter zu beschreiben:
→ Hace calor. (Es ist warm.)   → Hace sol. (Es ist sonnig.)
→ Hace frío. (Es ist kalt.)   → Hace viento. (Es ist windig.)

¿ Información

Gazpacho ist ein vitaminreiches Gericht, das sich besonders im Sommer großer Beliebtheit erfreut. Wir würden sagen, dass es sich um eine kalte Gemüsesuppe handelt, ein Spanier würde es aber nie als *sopa* bezeichnen.

Gazpacho wird aus den folgenden Zutaten zubereitet: Tomaten, grüne Paprikaschoten, Gurken, Weißbrot, Knoblauch, Olivenöl, Essig, Salz und Wasser.

DIÁLOGO 12 2/16

An einem Sonntagnachmittag sitzt Herr Rodríguez (■) im Wohnzimmer mit seinem Sohn Juan (▲) und seiner Tochter Amalia (●).

▲ ¿En qué piensas? Estás muy callada.
● Ay, Juan, mañana es otra vez lunes y los lunes no me gustan porque me tengo que levantar otra vez temprano.
▲ Sí, tienes razón, Amalia. Y después del lunes viene el martes y el miércoles y el ...
■ ... y el jueves y el viernes. ¡Estos jóvenes! ¡A vosotros no os gusta nada trabajar!
▲ Eso no es verdad, papá. A nosotros sí nos gusta trabajar, pero nos gusta más ver a los amigos, ir al cine, ...
● ... quedarnos en casa y leer un libro, estar con nuestra familia, ... ¿Es que a ti no te gustan los fines de semana?
■ Sí, claro que me gustan los sábados y los domingos, pero no estoy triste toda la tarde del domingo porque el lunes tengo que ir a trabajar.
▲ En eso tienes razón, papi. Amalia, ¿vamos a dar una vuelta?
● Sí, vale. Hasta luego, papi.
■ Adiós, hijos.

▲ Woran denkst du? Du bist so still.
● Mensch, Juan, morgen ist wieder Montag und mir gefallen Montage nicht, weil ich wieder früh aufstehen muss.
▲ Ja, du hast Recht, Amalia. Und nach Montag kommt Dienstag und Mittwoch und ...
■ ... und Donnerstag und Freitag. Diese jungen Leute! Euch gefällt wohl die Arbeit überhaupt nicht!
▲ Das ist nicht wahr, Papa. Wir arbeiten doch gern [uns gefällt doch die Arbeit], aber wir treffen lieber unsere Freunde, wir gehen lieber ins Kino, ...
● ... wir bleiben lieber zu Hause und lesen ein Buch, wir sind lieber mit der Familie zusammen. Gefallen dir etwa die Wochenenden nicht?
■ Doch, mir gefallen selbstverständlich Samstage und Sonntage, aber ich bin nicht den ganzen Sonntagnachmittag traurig, weil ich am Montag arbeiten gehen muss.
▲ Da hast du Recht, Papa. Amalia, gehen wir spazieren?
● Ja, ist gut. Bis später, Papa.
■ Auf Wiedersehen, Kinder.

Übungsdialoge 2/17

a. Hören Sie sich diesen Beispieldialog an und sagen Sie dann, was die anderen gern tun:

- María y Juan, ¿qué os gusta hacer?
- A nosotros nos gusta ver a los amigos.

1. María y Juan: ver a los amigos
2. Pablo: ir de paseo
3. Marta: ir al cine
4. Antonio y Lola: estar con nuestra familia
5. Andrés: leer un libro

b. Hören Sie sich nun den zweiten Beispieldialog an und antworten Sie nach demselben Muster. Benutzen Sie wieder die Angaben unter a. und achten Sie auf die richtigen Fürwörter:

- María y Juan, a vosotros no os gusta trabajar, ¿verdad?
- A nosotros sí nos gusta trabajar, pero nos gusta más ver a los amigos.

Tener que

Das Verb *tener* + *que* entspricht dem deutschen „müssen":
→ Me tengo que levantar temprano. (Ich muss früh aufstehen.)
→ Tenemos que leer un libro. (Wir müssen ein Buch lesen.)
→ Tienes que trabajar mañana. (Du musst morgen arbeiten.)

Venir

Das Verb *venir* hat die gleichen Unregelmäßigkeiten wie *tener*: ein eingeschobenes *g* in der ersten Person Einzahl und den Doppelvokal *e > ie*.

Fürwörter III

Nach einer Präposition (Verhältniswort) stehen die Formen des Nominativs (Werfalls):
→ A **nosotros** nos gusta mucho. (Uns gefällt es sehr.)

Außer in der ersten und zweiten Person Einzahl; hier werden *mí* und *ti* verwendet:
→ A **mí** me gusta. (Es gefällt mir.)
→ Es para **ti**. (Es ist für dich.)

Nach *entre* (zwischen) und *según* (gemäß, nach) stehen auch in der ersten und zweiten Person Einzahl die Formen des Nominativs:
→ entre **tú** y **yo** (zwischen dir und mir)

Con (mit) + 1. und 2. Person Einzahl wird zu *conmigo* und *contigo*:
→ Estudio **contigo**. (Ich lerne mit dir.)

Gustar más

Der deutsche Ausdruck „etwas lieber tun" wird im Spanischen einfach durch *gustar más* wiedergegeben:
→ Nos gusta más leer libros. (Wir lesen lieber Bücher.)

Gustar

Das Verb *gustar* (gefallen, schmecken, gern tun, mögen) steht meist in der dritten Person Einzahl oder Mehrzahl und wird nach folgendem Schema verwendet:

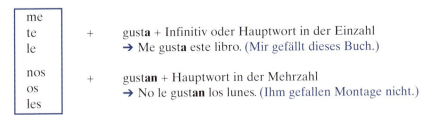

Zur Hervorhebung oder Unterscheidung kann man die betonte Form des Fürworts auch zusammen mit *a* an den Satzanfang stellen, allerdings muss dann die unbetonte Form nochmals genannt werden:
→ A **mí** me gusta este libro. (Mir gefällt dieses Buch.)
→ A **él** no le gustan los lunes. (Ihm gefallen Montage nicht.)
→ A **nosotros** nos gusta la paella. (Uns schmeckt die Paella.)

Verben mit Präpositionen

Viele Verben werden von einer Präposition begleitet. Wenn man eine Frage stellt, muss diese vor dem Fragewort stehen:
→ ¿**En** qué piensas? (Woran denkst du?)

Hauptwörter auf -s

haben die gleiche Form für Einzahl und Mehrzahl. Der Artikel unterscheidet die Zahl des Wortes:
el lunes (Montag) – los lunes (Montage)

Wörtliche Übersetzungen

Es que (wörtlich: es ist, dass) wird sehr oft im gesprochenen Spanisch am Anfang eines Satzes verwendet und kann mehrere Nuancen ausdrücken. In diesem Kontext entspricht *es que* dem deutschen „etwa" oder „denn".

GRAMÁTICA

DAS VERB *IR* (GEHEN, FAHREN)

(yo) voy	ich gehe, fahre
(tú) vas	du gehst
(él/ella/usted) va	er/sie/es geht / Sie gehen
(nosotros/nosotras) vamos	wir gehen
(vosotros/vosotras) vais	ihr geht
(ellos/ellas/ustedes) van	sie/Sie gehen

DIE VERBGRUPPE MIT DER VERÄNDERUNG *E > IE*

(yo) recom**ie**ndo	ich empfehle
(tú) recom**ie**ndas	du empfiehlst
(él/ella/usted) recom**ie**nda	er/sie/es empfiehlt / Sie empfehlen
(nosotros/nosotras) recomendamos	wir empfehlen
(vosotros/vosotras) recomendáis	ihr empfehlt
(ellos/ellas/ustedes) recom**ie**ndan	sie/Sie empfehlen

BETONUNG UND AKZENT

1. Wörter, die auf einen Vokal oder *n* oder *s* enden, werden auf der vorletzten Silbe betont: *hombre, señora, podemos, trabajan*.
2. Wörter, die auf einen Konsonanten (außer *n* und *s*) enden, werden auf der letzten Silbe betont: *hotel, usted, señor*.
3. Wörter, deren Betonung von den Regeln 1. und 2. abweicht, tragen einen Akzent auf der betonten Silbe: *aquí, balcón, autobús, Martínez*.
4. Wörter, deren Betonung weder auf der letzten noch auf der vorletzten Silbe liegt, tragen immer auf der betonten Silbe einen Akzent: *simpático, dígame, miércoles*.
5. Wörter, die nur eine Silbe haben, tragen normalerweise keinen Akzent.
6. Es gibt trotzdem eine Reihe von Wörtern, auch einsilbige, die einen Akzent zur Unterscheidung von gleichlautenden Wörtern mit anderer Funktion oder Bedeutung tragen, z.B.:

tú (du)	tu (dein)
él (er)	el (der)
sí (ja)	si (ob, wenn)
sólo (nur)	solo (allein)
qué (was)	que (dass, bezügliches Fürwort)
quién (wer, bei Frage und Ausruf)	quien (wer, bezügliches Fürwort)

EJERCICIOS

Ejercicios escritos

1. Füllen Sie die Lücken mit dem richtigen Fürwort:

a. A ... no me gusta la carne.
b. A ella ... gustan las verduras.
c. A vosotros ... gusta trabajar.
d. A ellos ... gusta el pescado.

2. Bilden Sie die erste Person Einzahl und die erste Mehrzahl der folgenden Verben:

	yo	nosotros
a. tener	___	___
b. traer	___	___
c. recomendar	___	___
d. querer	___	___
e. pensar	___	___
f. hacer	___	___
g. saber	___	___

3. *Muy* oder *mucho*? Ergänzen Sie die Sätze mit *muy* oder *mucho*. Bitte achten Sie auf die richtigen Endungen von *mucho*:

a. Las tapas están aquí ... ricas.
b. La carne no me gusta ...
c. En este bar tienen ... tapas.
d. Tengo que hacer ... cosas.
e. No tiene ... tiempo.

Ejercicios orales 2/18-20

1. Hören Sie sich die folgenden Wörter an und versuchen Sie, sie aufzuschreiben. Achten Sie dabei auf die Betonung jedes Wortes und auf die richtige Akzentsetzung.

Restaurante
Don Manolo

Primer plato
Sopa de ajo
Gazpacho
Ensalada

Segundo plato
Carne
Filete con patatas fritas
Chuleta con verduras
Pollo con arroz

Pescado
Lenguado a la plancha
Calamares fritos

Postre
Flan
Naranja
Plátano

2. Bevor Sie diese Übung machen, hören Sie sich bitte die Begriffe auf der Speisekarte auf der CD an und wiederholen Sie diese. Hören Sie sich dann den Dialog an und schreiben Sie auf, was jedes Familienmitglied bestellen will.

	Primer plato	Segundo plato	Postre
el padre	___	___	___
la madre	___	___	___
el hijo	___	___	___

3. Arbeiten Sie nun die weiteren mündlichen Übungen auf der CD durch.

¡Una cerveza, por favor! — **LECCIÓN 4**

VOCABULARIO

In der Kneipe

¡Oiga, por favor!	Bitte schön!
¿Qué van a tomar los señores?	Was darf es sein?
Me trae una cerveza, por favor.	Bringen Sie mir ein Bier, bitte.
¿Qué tapas tienen?	Was für *Tapas* haben Sie?
Las tapas están muy ricas.	Die *Tapas* schmecken sehr gut.
la ración	Portion

Im Restaurant

la carta	Speisekarte
¿Me puede recomendar algo?	Können Sie mir etwas empfehlen?
el primer plato	Vorspeise
el segundo plato	Hauptgericht
el postre	Nachspeise
La cuenta, por favor.	Die Rechnung, bitte.

Getränke

las bebidas	Getränke
la cerveza	Bier
el vino tinto	Rotwein
el vino blanco	Weißwein
el zumo de naranja	Orangensaft
el refresco de limón	Zitronenlimonade
la sangría	Sangria

Speisen

la carne	Fleisch
el filete	Schnitzel
el cordero	Lamm
la chuleta	Kotelett
el pollo	Hühnchen
el pescado	Fisch
el boquerón	Sardelle
el lenguado	Seezunge

el calamar	Tintenfisch
la verdura	Gemüse
la ensalada	Salat
la ensaladilla	Kartoffelsalat
la patata	Kartoffel
las patatas fritas	Pommes frites
la tortilla	Kartoffelomelette
el arroz	Reis
la paella	Paella
los caracoles	Schnecken
la sopa	Suppe
el gazpacho	kalte „Gemüsesuppe"
el flan	Karamelpudding
la naranja	Orange
el plátano	Banane

Gefallen und Missfallen

Me gusta mucho la carne.	Ich mag Fleisch sehr.
Me gusta más el pescado.	Ich esse lieber Fisch.
A mí no me gustan los lunes.	Mir gefallen Montage nicht.

Die Wochentage 2/21

los días de la semana	Wochentage
el lunes	Montag
el martes	Dienstag
el miércoles	Mittwoch
el jueves	Donnerstag
el viernes	Freitag
el sábado	Samstag
el domingo	Sonntag

2/22

Hören Sie sich die folgenden zusätzlichen Begriffe auf der CD an und achten Sie genau auf die Aussprache.

la cuchara	Löffel
el cuchillo	Messer
el tenedor	Gabel
el plato	Teller
el vaso	Glas
la copa	Weinglas
el mantel	Tischdecke
la servilleta	Serviette
la propina	Trinkgeld
el camarero	Kellner
la barra / el mostrador	Theke
¿Dónde están los servicios? (nur in Spanien)	Wo sind die Toiletten?

CONVERSACIÓN 2/23

Hören Sie sich nun die Anweisungen auf der CD an und nehmen Sie an der Unterhaltung teil.

En un hotel de cuatro estrellas — LECCIÓN 5

DIÁLOGO 13 2/24

Frau Martínez (▲) informiert sich in einem Reisebüro (●) über Hotels in Granada.

▲ ¿Y cómo es el Hotel Emperador?
● Bueno, es un hotel de cuatro estrellas, pero ahora tienen algunas ofertas muy interesantes.
▲ ¿Qué tipos de ofertas?
● Los días entre semana las habitaciones individuales cuestan un 15% menos y las dobles un 20% menos.
▲ ¿Tienen habitaciones con balcón?
● Sí, todas las habitaciones tienen un balcón que da al jardín.
▲ Ah, ¿pero tiene jardín?
● Sí, tiene un jardín con piscina y campo de tenis.
▲ ¿Y está el hotel muy lejos del centro de la ciudad?
● No, no está muy lejos. Está más o menos a veinte minutos a pie, diez en autobús y cinco en coche.
▲ Ajá, pues no está nada mal el Hotel Emperador.

▲ Und wie ist das Hotel Emperador?
● Nun, es ist ein 4-Sterne-Hotel, aber sie haben jetzt einige sehr interessante Sonderangebote.

▲ Welche Art Sonderangebote?
● Unter der Woche sind die Einzelzimmer 15% billiger [kosten die Einzelzimmer 15% weniger] und die Doppelzimmer 20%.
▲ Haben sie Zimmer mit Balkon?
● Ja, jedes Zimmer hat einen Balkon zum Garten.
▲ Ah, aber hat es denn einen Garten?
● Ja, es hat einen Garten mit Schwimmbecken und Tennisplatz.
▲ Und ist das Hotel sehr weit weg vom Stadtzentrum?
● Nein, es ist nicht sehr weit weg. Es sind ungefähr [mehr oder weniger] 20 Minuten zu Fuß, 10 Minuten mit dem Bus und 5 Minuten mit dem Auto.
▲ Aha, das Hotel Emperador scheint ja ziemlich gut zu sein.

Übungsdialoge 2/25

a. Sehen Sie sich die Informationen im Kasten an und hören Sie das Beispiel auf der CD. Beantworten Sie dann die Fragen nach demselben Muster:

■ ¿Tiene el Hotel Emperador balcones?
◆ No, no tiene balcones, pero tiene jardín, piscina y campo de tenis.

	Hotel	balcones	jardín	piscina	campo de tenis
1.	Emperador	–	+	+	+
2.	Madrid	–	+	+	–
3.	Playa	–	+	–	+
4.	Principal	+	+	–	+

LECCIÓN 5 —— En un hotel de cuatro estrellas

b. Hören Sie jetzt das zweite Beispiel auf der CD und benutzen Sie die Angaben im Kasten für Ihre Antworten:

- ¿Está muy lejos el Hotel Emperador del centro?
- Está más o menos a veinte minutos a pie, a diez en autobús y a cinco en coche.

Hotel Emperador	a pie	en autobús	en coche
1. Centro	20	10	5
2. Universidad	30	15	10
3. Museo de Pintura	10	5	3
4. Bar «Los Caracoles»	15	8	4

Verbengruppe mit der Veränderung *o > ue*

Bei einigen Verben ändert sich der Vokal *o* der Stammsilbe in den vier stammbetonten Formen (die drei Personen Einzahl sowie die 3. Person Mehrzahl) zu **ue**. Zu dieser Gruppe gehören unter anderem die Verben: *costar* (kosten), *poder* (können, dürfen), *dormir* (schlafen), *volver* (zurückkommen), *encontrar* (treffen, finden):
→ Las habitaciones c**ue**stan mucho. (Die Zimmer kosten viel.)
→ D**ue**rmo mal en un hotel. (Ich schlafe schlecht in einem Hotel.)
→ María v**ue**lve en seguida. (María kommt gleich zurück.)

Gebrauch des Artikels

Bei Verkehrsmitteln benutzt man im Spanischen das Verhältniswort *en*. Ausnahme: *a pie* (zu Fuß). Beachten Sie, dass im Gegensatz zum Deutschen kein Artikel gebraucht wird:
→ en coche (mit dem Auto)
→ en autobús (mit dem Bus)
→ en tren (mit dem Zug)
→ en avión (mit dem Flugzeug)
→ en bicicleta (mit dem Fahrrad)
→ en barco (mit dem Schiff)

Der umgekehrte Fall, kein Artikel im Deutschen, dafür aber im Spanischen, kommt auch vor, und zwar stets vor Prozentzahlen:
→ La habitación individual cuesta un 15% menos. (Das Einzelzimmer kostet 15% weniger.)

Wörtliche Bedeutungen

Das Verb *dar* (geben) wird auch benutzt, um zu sagen, wohin ein Zimmer oder ein Balkon geht:
→ Un balcón que da al jardín. (Ein Balkon zum Garten.)

Nada (wörtlich: nichts) kann auch eine verstärkende Funktion haben und entspricht den deutschen Ausdrücken „überhaupt nicht" oder „gar nicht".

DIÁLOGO 14 2/26

Herr Martínez (▲) und seine Frau sind gerade in Granada angekommen und suchen eine Unterkunft für eine Nacht.

▲ Hola, buenas tardes.
● Buenas tardes, ¿qué desea usted?
▲ ¿Tienen ustedes habitaciones libres?
● Sí, señor, todavía nos quedan algunas libres.
▲ ¿Cuánto cuesta una habitación doble?
● ¿Con ducha o con baño?
▲ Con baño.
● Bueno, pues una habitación doble con baño cuesta 65 euros. El desayuno está incluido.
▲ Muy bien. ¿A qué hora es el desayuno?
● El desayuno es de 8 a 10. ¿Cuántas noches se van a quedar?
▲ Sólo una noche.
● Bien … una habitación doble con baño para una noche. ¿Me puede dejar, por favor, su pasaporte o su carné de identidad?
▲ Sí, claro, aquí tiene el carné.
● Gracias. Es la habitación 23. Aquí tiene las llaves.

▲ Guten Abend.
● Guten Abend, was wünschen Sie?
▲ Haben Sie noch Zimmer frei?
● Ja, mein Herr, wir haben noch ein paar frei.
▲ Wie viel kostet ein Doppelzimmer?
● Mit Dusche oder mit Bad?
▲ Mit Bad.
● Gut, ein Doppelzimmer mit Bad kostet mit Frühstück 65 Euro.
▲ Schön. Um wie viel Uhr ist das Frühstück?
● Das Frühstück ist von 8 bis 10. Wie lange [Wie viele Nächte] werden Sie bleiben?

▲ Nur eine Nacht.
● Gut … ein Doppelzimmer mit Bad für eine Nacht. Können Sie mir bitte Ihren Pass oder Ihren Personalausweis dalassen?
▲ Ja, selbstverständlich, hier haben Sie den Ausweis.
● Danke. Es ist Zimmer 23. Hier sind die [haben Sie die] Schlüssel.

Übungsdialog 2/27

Sehen Sie sich die Tabelle an und beantworten Sie die Fragen wie im Beispiel:

■ ¿Qué desea usted?
◆ ¿Cuánto cuesta una habitación doble con baño?
■ 60 euros.
◆ ¿Está incluida la cena?
■ No, la cena no está incluida.

	1.	2.	3.	4.	5.
doble	✔		✔		✔
individual		✔		✔	
ducha				✔	✔
baño	✔	✔			✔
desayuno		✔	✔		✔
cena	✔			✔	✔

LECCIÓN 5 —— En un hotel de cuatro estrellas

Cuánto/a/os/as

Als Eigenschaftswort stimmt *cuánto* mit dem Hauptwort überein:
→ ¿Cuánt**as** noch**es** se van a quedar? (Wie viele Nächte werden Sie dableiben?)
→ ¿Cuánt**os** hij**os** tienes? (Wie viele Kinder hast du?)
→ ¿Cuánt**o** diner**o** tienes? (Wie viel Geld hast du?)
→ ¿Cuánt**a** carne tengo que comprar? (Wie viel Fleisch muss ich kaufen?)

Quedarse / quedar

Quedarse bedeutet „bleiben", „dableiben":
→ ¿Cuántas noches se van a quedar? (Wie lange werden Sie bleiben?)
oder:
→ ¿Cuántas noches van a quedarse?

Das gleiche Verb ohne *se* hat eine andere Bedeutung (übrig bleiben, noch vorhanden sein, noch haben) und wird wie *gustar* verwendet:
→ Nos qued**an** habitaciones libres. (Wir haben noch Zimmer frei.)
→ Nos qued**a** una habitación libre. (Wir haben noch ein Zimmer frei.)

Poder

Das Modalverb *poder* gehört zu der Verbgruppe mit der Veränderung *o > ue* und entspricht den deutschen Verben „können" und „dürfen":
→ ¿Me puede dejar su pasaporte? (Können Sie mir Ihren Pass dalassen?)
→ Aquí no puedes hablar. (Hier darfst du nicht sprechen.)

„Können" im Sinne von „die Fähigkeit haben" heißt *saber*.

Zahlen

Die Hunderter von 200 bis 900 sind veränderlich nach Geschlecht:

200	doscient**os** eur**os** / doscient**as** coron**as**
300	trescient**os**/-**as**
343	trescient**os** cuarenta y tres eur**os** / trescient**as** cuarenta y tres coron**as**
400	cuatrocient**os**/-**as**
500	**quinientos**/-**as**
600	seiscient**os**/-**as**
700	setecient**os**/-**as**
800	ochocient**os**/-**as**
900	novecient**os**/-**as**

DIÁLOGO 15 2/28

Frau Martínez (●) ruft bei der Rezeption (▲) an, weil sie sich duschen möchte, aber kein Wasser kommt.

- ▲ Dígame.
- ● Soy la señora Martínez de la habitación 23. Me gustaría ducharme, pero no sale agua del grifo.
- ▲ Lo siento mucho, señora Martínez, pero es que están arreglando las tuberías del agua y …
- ● ¿Pero cuánto tiempo vamos a estar sin agua?
- ▲ Bueno, no lo sé exactamente, pero probablemente hasta mañana.
- ● ¡Hasta mañana! ¡Pero eso no puede ser! Yo me tengo que duchar.
- ▲ Lo siento, pero no podemos hacer nada.
- ● ¿Dónde está el director de este hotel? Me gustaría hablar personalmente con él.
- ▲ Lo siento, el director no está ahora mismo en la recepción, está hablando con otro huésped.

- ▲ Hallo.
- ● Hier ist Frau Martínez vom Zimmer 23. Ich möchte mich duschen, aber es kommt kein Wasser aus dem Hahn.
- ▲ Es tut mir sehr Leid, Frau Martínez, aber die Wasserleitungen werden nämlich gerade repariert [sie reparieren gerade die Wasserleitungen] und …
- ● Aber wie lange werden wir ohne Wasser sein?
- ▲ Na ja, ich weiß es nicht genau, aber wahrscheinlich bis morgen.
- ● Bis morgen! Aber das gibt's doch nicht! Ich muss mich duschen.
- ▲ Es tut mir Leid, aber wir können nichts dagegen machen.
- ● Wo ist der Direktor dieses Hotels? Ich würde gern mit ihm persönlich sprechen.
- ▲ Es tut mir Leid, der Hoteldirektor ist momentan nicht an der Rezeption, er spricht gerade mit einem anderen Gast.

Übungsdialoge   2/29

a. Hören Sie sich den folgenden Beispieldialog an und sagen Sie dann nach dem Muster, was Frau Martínez gerade macht:

- ▪ Me gustaría hablar con la señora Martínez.
- ◆ Lo siento, la señora Martínez está hablando por teléfono con un amigo.

1. hablar por teléfono / un amigo
2. tomar un café / un bar
3. cenar / un restaurante
4. trabajar / una compañera (Kollegin)
5. estudiar / la universidad

LECCIÓN 5 —— En un hotel de cuatro estrellas

b. Hören Sie sich jetzt das nächste Beispiel an und beantworten Sie die Fragen nach den gleichen Angaben:

■ ¿Qué te gustaría hacer?
◆ Me gustaría hablar por teléfono con un amigo.

Das Gerundium und die Verlaufsform

Das Gerundium ist eine unveränderliche Form des Verbs. Die Verben auf *-ar* bilden es auf *-ando*, die auf *-er* und *-ir* auf *-iendo*:
➔ cantar ➔ cant**ando**
➔ beber   ➔ beb**iendo**
➔ vivir   ➔ viv**iendo**

Estar + Gerundium drückt aus, dass eine Handlung gerade im Gang ist:
➔ Está hablando con otro huésped. (Er spricht gerade mit einem anderen Gast.)

Gustaría

Die Konditionalform *gustaría* drückt aus, was man gern machen würde:
➔ Me gustaría hablar con el director del hotel. (Ich würde gern mit dem Hoteldirektor sprechen.)

Die Stellung der Fürwörter III

In Sätzen mit einem konjugierten Modalverb (*querer*, *poder*, *tener que*, *deber*) + Infinitiv kann das Fürwort vor der konjugierten Form stehen oder an den Infinitiv angehängt werden:
➔ Yo **me** tengo que duchar. (Ich muss mich duschen.)
➔ Yo tengo que duchar**me**.

Diese doppelte Möglichkeit gilt auch für die Zukunftsform *ir* + Infinitiv:
➔ **Me** voy a duchar. (Ich werde mich duschen.)
➔ Voy a duchar**me**.

Desgleichen für die Verlaufsform, wo das Fürwort entweder vor *estar* steht oder an das Gerundium angehängt wird:
➔ **Me** estoy duchando. (Ich dusche mich gerade.)
➔ Estoy duchándo**me**.

Wörtliche Bedeutungen

Es que están arreglando las tuberías (wörtlich: Es ist, dass sie gerade die Wasserleitungen reparieren) wird hier besser mit „Die Wasserleitungen werden nämlich gerade repariert" übersetzt. Bei Sätzen ohne Angabe eines bestimmten Subjekts (Satzgegenstands) entspricht die 3. Person Mehrzahl oft dem deutschen Passiv. *Es que* leitet in diesem Kontext eine Begründung ein und wird am besten mit „nämlich" wiedergegeben.

GRAMÁTICA

VERBGRUPPE MIT DER VERÄNDERUNG *O > UE*

(yo) p**ue**do	ich kann
(tú) p**ue**des	du kannst
(él/ella/usted) p**ue**de	er/sie/es kann / Sie können
(nosotros/nosotras) podemos	wir können
(vosotros/vosotras) podéis	ihr könnt
(ellos/ellas/ustedes) p**ue**den	sie/Sie können

EJERCICIOS

Ejercicios escritos

1. Setzen Sie die passende Form von *poder*, *costar* oder *dormir* ein:

a. ¿Cuánto … una habitación doble?
b. ¿Nos … (vosotros) llamar por teléfono esta tarde?
c. Mis padres … esta noche en un hotel.
d. Nosotros … esta noche en casa de unos amigos.
e. Yo no … comer hoy con vosotros.

2. Setzen Sie die richtigen Verhältniswörter ein:

a. Yo siempre voy … pie … la universidad.
b. Está más o menos … diez minutos … autobús.
c. ¿… qué hora es el desayuno?
d. ¿Cuánto tiempo vamos … estar sin agua?
e. ¿… parte de quién?

3. Schreiben Sie auf, was diese Leute gerade tun. Beispiel:

a. Pedro / hablar / Manolo
   Pedro está hablando con Manolo.
b. Mis hermanos / escribir / una carta
c. Nosotros / arreglar / las tuberías del agua
d. Tú / hacer / la comida
e. Yo / comer
f. Vosotros / estudiar / la lección

4. *Cuánto/-a/-os/-as*? Setzen Sie die richtige Form ein:

a. ¿… cervezas van a tomar los señores?
b. ¿… dinero cuesta esta casa?
c ¿… hermanos tienes?
d. ¡… gente!

5. Geben Sie diese Zahlen in Worten an:

241 euros   _____
771 coronas   _____
987 euros   _____
532 coronas   _____

Ejercicios orales 3/1-2

1. Hören Sie sich die folgenden Sätze und Uhrzeiten auf der CD an und sprechen Sie sie nach.

→ ¿Qué hora es?	Wie spät ist es?
→ Es la una en punto.	Es ist genau ein Uhr.
→ Son las nueve de la mañana.	Es ist 9 Uhr vormittags.
→ Son las siete de la tarde.	Es ist 7 Uhr abends.
→ ¿A qué hora vienes?	Um wie viel Uhr kommst du?
→ Vengo a las diez de la noche.	Ich komme um 10 Uhr abends.

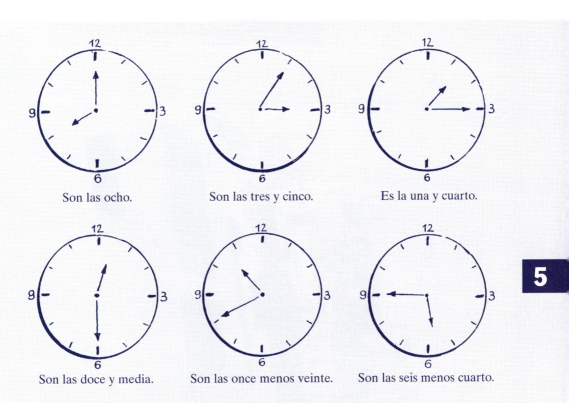

Son las ocho.   Son las tres y cinco.   Es la una y cuarto.

Son las doce y media.   Son las once menos veinte.   Son las seis menos cuarto.

2. Arbeiten Sie nun die mündlichen Übungen auf der CD durch.

LECCIÓN 5 — En un hotel de cuatro estrellas

VOCABULARIO

Im Hotel

la recepción	Rezeption
el huésped	Gast
la habitación individual	Einzelzimmer
una habitación doble	ein Doppelzimmer
con baño	mit Bad
con ducha	mit Dusche
un balcón que da al jardín	ein Balkon zum Garten
el jardín	Garten
la piscina	Schwimmbad
el campo de tenis	Tennisplatz
el carné de identidad	Personalausweis
el pasaporte	Pass
la llave	Schlüssel

Informationen einholen

¿Cómo es el Hotel Emperador?	Wie ist das Hotel Emperador?
¿Está muy lejos del centro?	Ist es sehr weit weg vom Zentrum?
¿Qué desea usted?	Was wünschen Sie?
¿Tienen habitaciones libres?	Haben Sie noch Zimmer frei?
¿Cuánto cuesta una habitación?	Wie viel kostet ein Zimmer?
¿Cuántas noches se van a quedar?	Wie lange werden Sie bleiben?
¿Me puede dejar su pasaporte?	Können Sie mir Ihren Pass dalassen?
¿Dónde está el director?	Wo ist der Direktor?

Wünsche äußern

Me gustaría ducharme.	Ich möchte mich duschen.
Me gustaría hablar con usted.	Ich möchte mit Ihnen sprechen.

Empörung ausdrücken

¡Pero eso no puede ser!	Das gibt's doch nicht!

En un hotel de cuatro estrellas

Verkehrsmittel

en coche	mit dem Auto
en autobús	mit dem Bus
en tren	mit dem Zug
en avión	mit dem Flugzeug
en barco	mit dem Schiff
a pie	zu Fuß

 3/3

Hören Sie sich die folgenden Zahlen an und achten Sie genau auf die Aussprache.

1.000	mil
1.200	mil doscientos euros / mil doscientas coronas
3.000	tres mil
7.000	siete mil
8.450	ocho mil cuatrocientos cincuenta dólares / ocho mil cuatrocientas cincuenta libras
100.000	cien mil
100.140	cien mil ciento cuarenta
200.000	doscientos mil euros / doscientas mil coronas
347.908	trescientos cuarenta y siete mil novecientos ocho euros / trescientas cuarenta y siete mil novecientas ocho coronas
1.000.000	un millón
30.000.000	treinta millones
46.800.533	cuarenta y seis millones ochocientos mil quinientos treinta y tres euros / cuarenta y seis millones ochocientas mil quinientas treinta y tres coronas

CONVERSACIÓN 3/4

Hören Sie sich nun die Anweisungen auf der CD an und nehmen Sie an der Unterhaltung teil.

CONTROL
Lecciones 1–5

1. Bilden Sie die richtige Form der Verben in Klammern:

a. Yo ... (hacer) siempre mi trabajo.
b. Los niños ... (dormir) muchas horas.
c. ¿Cómo ... (llamarse) tú ?
d. ¿ ... (Aprender) ustedes español?
e. Nosotros no ... (tener) coche.
f. Antonio ya no ... (vivir) aquí.
g. Ana no ... (ir) hoy a trabajar.
h. ¿Qué nos ... (recomendar) usted?
i. Yo ... (traer) el pan.
j. Pedro no ... (poder) venir hoy.

2. Setzen Sie *ser*, *estar* oder *hay* ein:

a. En Cádiz ... muchos restaurantes.
b. Mi tío ... médico.
c. ¿De dónde ... (tú)?
d. Hoy (yo) no ... muy bien.
e. La panadería ... muy cerca.
f. Mis hijos ... muy inteligentes.
g. ¿Qué hora ... ?
h. ... dos tiendas en esta calle.
i. Mi madre ... cansadísima.
j. Éste ... mi marido.

3. Füllen Sie die Lücken mit dem richtigen Fürwort:

a. ... ducho por las mañanas.
b. A nosotros ... gusta mucho.
c. ¿Es este libro para Ana? – Sí, es para ...
d. ¿Puedes comprar el pan? – Sí, ... puedo comprar.
e. ¿Vienes al bar conmigo? – Sí, voy ...
f. ¿Tienes que estudiar la lección? Sí, tengo que estudiar...
g. ¿Ves todos los días a tus hermanos? No, sólo ... veo los domingos.
h. A ellos ... gusta vivir aquí.

4. Setzen Sie die richtige Form der in Klammern angegebenen Eigenschaftswörter ein:

a. Ramón está muy ... (triste).
b. Hoy es un ... (grande) día.
c. La tortilla está muy ... (rico).
d. Tenemos algunas ofertas muy ... (interesante).
e. Estas habitaciones están ... (libre).
f. Mis padres son ... (español).
g. Esta casa es muy ... (grande).
h. Estas chicas son muy ... (guapo).
i. Marta es ... (moreno) y ... (gordo).
j. La ... (rubio) es muy ... (simpático).
k. ¿Son tus hermanos ... (alto)?

5. Ergänzen Sie die Sätze mit *muy*, *mucho*, *bien* oder *bueno*. Bitte achten Sie auf die richtigen Endungen von *mucho* und *bueno*:

a. No tengo ... amigos.
b. Mi abuelo no está ...
c. Los domingos estamos ... tristes.
d. Carlos habla ...
e. ¡... días! ¿Estáis ... ?
f. Hoy tenemos que trabajar ...
g. En este bar hay ... tapas.
h. Esos chicos son ... guapos.

6. Setzen Sie die richtigen Verhältniswörter ein:

a. Todas las semanas visito ... mi madre.
b. Hoy voy ... comer ... casa ... Lola.
c. ¿... dónde es usted?
d. Mujer, ... ti nadie es perfecto.
e. Adiós, ... luego.
f. Ana no está ... este momento en casa.
g. Os esperamos ... las ocho.
h. Estamos en Málaga ... vacaciones.
i. Yo estoy aquí ... aprender español.

Control Lecciones 1–5

j. Nunca voy ... pie ... la universidad.
k. ... esta calle pasan muchos coches.

7. Geben Sie diese Zahlen in Worten an:

a. 19 horas _____
b. 27 libros _____
c. 41 hoteles _____
d. 102 mesas _____
e. 165 días _____
f. 232 dólares _____
g. 555 euros _____
h. 791 libras _____
i. 973 personas _____

8. Setzen Sie die fehlenden Wörter ein:

a. ¿Son éstos vuestros libros? – No, no son ... libros.
b. ¿Es éste el coche de Pepe? – Sí, es ... coche.
c. ¿Son éstos tus padres? – Sí, son ... padres.
d. Juan ... bebe nunca cerveza.
e. ¿ ... son esos chicos? – Son ... hermanos de Teresa.
f. ¿ ... no vienes? – Porque no tengo tiempo.
g. ¿ ... son ... tíos? – Sus tíos son de Huelva.
h. ¿ ... es Paco? – Es guapo y alto.

9. Übersetzen Sie die folgenden Sätze ins Spanische:

a. Es ist kalt.
b. Er spricht gerade mit seinem Vater.
c. Es ist 8 Uhr abends.
d. Wer ist am Apparat?
e. Hier lernt man Spanisch.
f. Das ist Alicia.
g. Niemand schreibt ihm.
h. Ich weiß nichts.
i. Gehen wir ins Kino?
j. Wir lesen lieber Bücher.
k. Ich möchte mit Ihnen sprechen.

10. Ergänzen Sie die fehlenden Wörter:

a. Me ... Patricia y ... estudiante. Ahora ... sola en Sevilla y a veces ... un poco triste porque ... a mi familia. Mi ... tiene dos ... , una sala de ... , la cocina y un cuarto de baño. Es un piso muy ... porque está en la zona ... y no ... ningún coche.

b. ■ ¡ ... , por favor!
   ◆ Sí, ¿qué ... tomar usted?
   ■ ¿Me puede ... una cerveza?
   ◆ Sí, claro. ¿Quiere también comer ... ?
   ■ ¿ ... tapas tienen?
   ◆ Tenemos todas las que están en la ...
   ■ ¡ ... cosas! ¿Me ... recomendar algo?
   ◆ La ensaladilla está muy ...
   ■ Pues ... pone una tapa de ensaladilla.
   ◆ Muy bien, en ... la traigo.

c. ■ ¿Adónde ... ir usted de vacaciones?
   ◆ ... , gustaría ir ... Granada y por eso quiero reservar una ... en un hotel.
   ■ ¿Quiere usted una habitación ... o doble?
   ◆ Doble, por favor; es que quiero ir con ... marido.
   ■ En Granada ... un hotel ... bueno, el Hotel Emperador. Es un hotel de cuatro ...
   ◆ Pero entonces seguro que ... mucho.
   ■ No, en esta época del año ... las habitaciones dobles ... 25% menos.
   ◆ ¿Y ... el hotel muy lejos del centro de la ciudad?
   ■ No, está muy ... ; sólo ... 5 minutos ... autobús.

Hoy he trabajado muchísimo — LECCIÓN 6

DIÁLOGO 16 3/5

Als Herr Ramos (●) sein Büro verlassen will, kommt eine junge Frau (▲) auf ihn zu, die eine Umfrage über Arbeitsgewohnheiten machen will.

▲ ¿A qué hora se ha levantado usted esta mañana?
● Me he levantado temprano, a las siete.
▲ ¿Ha desayunado en casa?
● Sí, he desayunado en casa y después me he venido a la oficina.
▲ ¿Qué horario de trabajo tiene usted?
● Tengo jornada partida. Por la mañana trabajo de nueve a dos y por la tarde de cuatro a siete.
▲ ¿Almuerza usted normalmente en casa?
● Sí, normalmente como en casa, pero hoy no he tenido tiempo y he comido en la oficina.
▲ ¿Cuándo ha tenido la última vez vacaciones?
● En agosto. Siempre cojo las vacaciones en agosto.
▲ ¿Qué hace …?
● Perdone, ¿tiene usted todavía muchas preguntas?
▲ No, no, no quedan muchas.
● Es que hoy he trabajado muchísimo y estoy agotado.

LECCIÓN 6 —— Hoy he trabajado muchísimo

▲ Um wie viel Uhr sind Sie heute aufgestanden?
● Ich bin früh aufgestanden, um sieben Uhr.
▲ Haben Sie zu Hause gefrühstückt?
● Ja, ich habe zu Hause gefrühstückt und danach bin ich ins Büro gefahren [gekommen].
▲ Welche Arbeitszeiten haben Sie?
● Ich habe keinen durchgehenden Arbeitstag. Vormittags arbeite ich von 9 bis 14 Uhr und nachmittags von 16 bis 19 Uhr.
▲ Essen Sie normalerweise daheim zu Mittag?
● Ja, ich esse normalerweise daheim zu Mittag, aber heute habe ich keine Zeit gehabt und im Büro zu Mittag gegessen.
▲ Wann haben Sie das letzte Mal Urlaub gehabt?
● Im August. Ich nehme immer im August Urlaub.
▲ Was machen Sie …?
● Entschuldigung, haben Sie noch viele Fragen?
▲ Nein, nein, es kommen nicht mehr viele.
● Wissen Sie, ich habe heute sehr viel gearbeitet und bin sehr müde.

Übungsdialog 3/6

Sehen Sie sich die Zeichnungen an und hören Sie dem Beispieldialog zu. Antworten Sie dann nach demselben Muster:

■ ¿A qué hora se ha levantado usted hoy?
◆ Me he levantado a las ocho de la mañana.

Hoy he trabajado muchísimo — **LECCIÓN 6**

Das Partizip (Mittelwort) der Vergangenheit

Die Verben auf *-ar* bilden das Partizip mit der Endung *-ado*, die auf *-er* und *-ir* mit *-ido*:
- → hablar → habl**ado**
- → comer → com**ido**
- → vivir → viv**ido**

Das zusammengesetzte Perfekt

Im Spanischen wird das Perfekt immer mit dem Hilfsverb *haber* gebildet:
- → Me he levantado temprano. (Ich bin früh aufgestanden.)
- → He desayunado en casa. (Ich habe zu Hause gefrühstückt.)

Das Perfekt drückt eine vergangene Handlung aus, die eng mit der Gegenwart verbunden ist. Das Partizip bleibt im Perfekt unverändert; zwischen Partizip und Hilfsverb dürfen keine Wörter stehen.

Estar + Partizip

drückt einen Zustand oder das Ergebnis einer Handlung aus. In diesem Fall ist das Partizip veränderlich wie ein Eigenschaftswort:
- → Juan está agotad**o**. (Juan ist sehr müde.)
- → María está agotad**a**. (María ist sehr müde.)

Coger

Bitte beachten Sie die Änderung des Konsonanten in der ersten Person Einzahl: *g > j*
- → Siempre co**j**o las vacaciones en agosto. (Ich nehme immer im August Urlaub.)

Dieses Verb wird in Spanien sehr oft benutzt, hat aber in einigen lateinamerikanischen Ländern, z.B. in Argentinien, eine sexuelle Bedeutung („miteinander schlafen"), man verwendet stattdessen andere Verben wie *tomar*.

Almorzar

Das Verb *almorzar* und das Hauptwort *el almuerzo* mit der Bedeutung „zu Mittag essen" und „das Mittagessen" werden in einem Großteil Lateinamerikas und in Südspanien benutzt, nicht aber in Mittel- und Nordspanien.

¿ Información

Die Arbeitszeiten in Spanien sind anders als in Deutschland. Es gibt *jornada partida*, d.h. man hat zwei oder drei Stunden Mittagspause und arbeitet dann weiter bis abends, und *jornada intensiva*, d.h. man arbeitet ohne Mittagspause bis 14 oder 15 Uhr oder ab dieser Uhrzeit bis spät abends. In allen Fällen ist es ganz normal, daheim mit der Familie zu Mittag zu essen.

DIÁLOGO 17 3/7

Herr Ramos (●) kommt nach Hause und wird von seiner Frau (▲) bereits erwartet.

● Hola, cariño.
▲ Hola, ¿qué tal te ha ido hoy?
● Ha sido un día larguísimo, estoy hecho polvo.
▲ Pobrecito, ni siquiera has tenido tiempo de venir a almorzar a casa.
● No, a mediodía he tenido que visitar a un cliente y he tardado muchísimo en encontrar la dirección.
▲ ¿Le has dicho a tu jefe que necesitas la tarde del jueves libre?
● Sí, se lo he dicho poco antes de salir, pero después de decírselo ha llegado una señorita con una encuesta …
▲ Bueno, bueno, después me lo cuentas. Ahora tenemos que darnos prisa.
● ¿Cómo? ¿Qué dices?
▲ ¿Pero no te acuerdas de que hoy es la fiesta de cumpleaños de Rosario?
● ¡Oh, no! ¡Con lo cansadísimo que estoy!

―――

● Hallo Liebling.
▲ Hallo, wie war's heute? [Wie ist es dir heute gegangen?]
● Es ist ein sehr langer Tag gewesen, ich bin fix und fertig.
▲ Du Armer, du hast nicht einmal Zeit gehabt, zum Essen heimzukommen.
● Nein, mittags habe ich einen Kunden besuchen müssen und es hat sehr lange gedauert, bis ich die Adresse gefunden habe [ich habe viel Zeit gebraucht, …].
▲ Hast du deinem Chef gesagt, dass du den Donnerstagnachmittag frei willst?
● Ja, ich habe es ihm kurz vor Arbeitsschluss gesagt, aber nachdem ich es ihm gesagt hatte, ist eine junge Frau mit einer Umfrage gekommen …

▲ Gut, gut, du kannst es mir später erzählen. Jetzt müssen wir uns beeilen.
● Bitte? Was sagst du da?
▲ Weißt du etwa nicht mehr [Aber erinnerst du dich nicht daran], dass heute das Geburtstagsfest von Rosario ist?
● Oh nein! Wo ich doch so müde bin!

Übungsdialoge 3/8

a. Hören Sie sich das Beispiel an und drücken Sie dann Mitleid nach demselben Muster aus. Beachten Sie dabei das Geschlecht der Personen:

■ Ha sido un día larguísimo, estoy cansadísima.
◆ Pobrecita, ni siquiera has tenido tiempo de almorzar.

1. María / almorzar
2. Pedro / ver a la familia
3. Ángel / desayunar
4. Isabel / dormir la siesta
5. Alfonso / cenar

b. Hören Sie sich den zweiten Beispieldialog an und formulieren Sie die Fragen nach den gleichen Angaben wie oben:

■ ¿Le has dicho a María que quieres almorzar?
◆ Sí, se lo he dicho.

Der Diminutiv (Verkleinerungsform)

Es gibt mehrere Verkleinerungssilben im Spanischen, von denen *-ito/a/os/as* am meisten verbreitet ist. Diese Verkleinerungssilben können an Haupt-, Eigenschafts- und Umstandswörter angehängt werden:
- → casa → cas**ita** (Häuschen)
- → guapo → guap**ito** (hübsch)
- → rápido → rapid**ito** (recht schnell)

Wenn ein Wort auf *-n, -r* oder *-e* endet, wird *-cito* angehängt, um eine Verkleinerung auszudrücken:
- → pobre → pobre**cito**

Wenn es sich um ein einsilbiges Wort handelt, wird *-ecito* oder sogar *-cecito* hinzugefügt:
- → sol → sol**ecito**
- → pie (Fuß) → pie**cecito**

Mit diesen Nachsilben kann man viele Nuancen ausdrücken, neben Verkleinerung z.B. auch Mitleid wie im Dialog.

Unregelmäßige Partizipien

*Se lo he **dicho** poco antes de salir.*
Die folgenden Verben bilden unregelmäßige Partizipien:

→ abrir (öffnen) → abierto	→ morir (sterben) → muerto
→ cubrir (bedecken) → cubierto	→ poner (stellen) → puesto
→ decir (sagen) → dicho	→ romper (zerbrechen) → roto
→ escribir (schreiben) → escrito	→ ver (sehen) → visto
→ hacer (machen) → hecho	→ volver (zurückkommen) → vuelto

Fürwörter IV

Wenn zwei unbetonte persönliche Fürwörter im Satz stehen, kommt die Person vor der Sache (Dativ vor Akkusativ):
- → Después **me lo** cuentas. (Später erzählst du es mir.)

Vor *lo, la, los, las* werden *le, les* zu *se*:
- → **Se lo** he dicho poco antes de salir. (Ich habe es ihm gesagt, kurz bevor ich wegging.)

Das gilt auch, wenn die Fürwörter an den Infinitiv angehängt werden:
- → Tienes que contár**melo**. (Du musst es mir erzählen.)
- → Tienes que decír**selo**. (Du musst es ihm/ihr/Ihnen/ihnen sagen.)

DIÁLOGO 18 3/9

Herr Ramos (●) und seine Frau (▲) sind auf dem Geburtstagsfest von Rosario (■).

● ¡Muchas felicidades, Rosario!
▲ ¡Feliz cumpleaños, Rosario! (Le da un regalo.)
■ Muchísimas gracias. ¿Por qué os habéis molestado?
▲ Mujer, no todos los días se cumplen cuarenta años.
■ ¡Qué graciosa!
● No te preocupes, sigues tan guapa como siempre.
■ Y tú tan caballero como siempre.
▲ ¿Te han regalado muchas cosas?
■ Sí, y el mejor regalo ha sido el de mi jefe.
● ¡Qué dices! ¿Que tu jefe te ha regalado algo?
■ Sí … me ha ascendido de puesto.
▲ ¡Enhorabuena, Rosario!
● ¡Enhorabuena! Esto también hay que celebrarlo. (Llena tres vasos de champaña.) ¡Por tu ascenso!
▲ ¡A tu salud!
■ ¡Salud!

● Alles Gute, Rosario!
▲ Alles Gute zum Geburtstag, Rosario! (Sie gibt ihr ein Geschenk.)
■ Vielen Dank. Warum habt ihr euch diese Mühe gemacht?
▲ Na ja, man wird nicht jeden Tag vierzig.
■ Wie lustig!
● Keine Sorge, du bist so schön wie immer.
■ Und du ein Kavalier wie immer.
▲ Hast du viele Geschenke bekommen? [Haben sie dir viele Dinge geschenkt?]
■ Ja und das beste Geschenk war von meinem Chef.
● Wie bitte! [Was sagst du?] Hat dein Chef dir etwas geschenkt? [Dass dein Chef dir etwas geschenkt hat?]
■ Ja … ich bin befördert worden. [Er hat mich befördert.]
▲ Herzlichen Glückwunsch, Rosario!
● Ich gratuliere! Das muss auch gefeiert werden. (Er füllt drei Gläser mit Champagner.) Auf deine Beförderung!
▲ Auf dein Wohl!
■ Prost!

Übungsdialoge 3/10

a. Hören Sie sich den Beispieldialog an und beantworten Sie die Fragen mit *sí*, indem Sie das Verb *seguir* und das Gerundium der angegebenen Verben einsetzen:

■ ¿Estudia Marcos en la universidad?
◆ Sí, sigue estudiando en la universidad.

1. estudiar   4. salir
2. trabajar   5. comprar
3. vivir

Hoy he trabajado muchísimo — **LECCIÓN 6**

b. Reagieren Sie auf die Äußerungen Ihres Gesprächspartners mit den folgenden Wendungen:

¡Salud! / ¡Felicidades! / Muchas gracias. / Sí, me han regalado muchas. / ¡Enhorabuena!

Beispieldialog:
- Me han ascendido de puesto.
- ¡Enhorabuena!

Verbgruppe mit der Veränderung *e > i*

Bei einigen Verben der dritten Gruppe auf *-ir* wird der Stammvokal *e* zu *i* in den drei Personen Einzahl, in der dritten Person Mehrzahl und im Gerundium:
→ ¿Qué dices? (Was sagst du?)

Weitere Verben dieser Gruppe sind:
- → corregir (korrigieren)
- → repetir (wiederholen)
- → reñir (schimpfen)
- → servir (dienen)
- → pedir (bitten)
- → reír (lachen)
- → seguir (folgen, weiterhin tun)
- → vestir (anziehen)

Seguir + Gerundium

bedeutet „etwas immer noch / weiterhin tun":
→ Sigues estando tan guapa como siempre. (Du bist so schön wie immer.)
→ Juan sigue estudiando. (Juan studiert immer noch.)

Auch bei dieser Konstruktion können die Fürwörter entweder vor dem konjugierten Verb stehen oder an das Gerundium angehängt werden:
→ **Lo** sigue haciendo. = Sigue haciéndo**lo**.

Hay que

Diese unpersönliche Form drückt eine Notwendigkeit oder Verpflichtung aus und entspricht im Deutschen „es muss ... werden / man muss":
→ Esto también hay que celebrarlo. (Das muss auch gefeiert werden.)

---

i Información

Ein spanisches Geburtstagsfest ist einem deutschen sehr ähnlich, in Spanien werden aber die runden Geburtstage normalerweise nicht so groß gefeiert wie in Deutschland. Wenn man auf Spanisch alles Gute zum Geburtstag wünschen will, sagt man *feliz cumpleaños*, *felicidades* oder *muchas felicidades*. Das Wort *enhorabuena* wird benutzt, wenn man jemandem wegen eines Erfolgs gratulieren will. Beim Anstoßen sagt man *salud* oder drückt einen bestimmten Wunsch aus:
→ ¡Por tu ascenso! (Auf deine Beförderung!)

GRAMÁTICA

DAS PARTIZIP (REGELMÄSSIGE BILDUNG)

hablar → hablado
comer → comido
vivir → vivido

DAS ZUSAMMENGESETZTE PERFEKT

(yo) **he** hablado	ich habe gesprochen
(tú) **has** hablado	du hast gesprochen
(él/ella/usted) **ha** hablado	er/sie/es hat / Sie haben gesprochen
(nosotros/nosotras) **hemos** hablado	wir haben gesprochen
(vosotros/vosotras) **habéis** hablado	ihr habt gesprochen
(ellos/ellas/ustedes) **han** hablado	sie/Sie haben gesprochen

DIE VERBGRUPPE MIT DER VERÄNDERUNG E > I

(yo) p**i**do	ich verlange
(tú) p**i**des	du verlangst
(él/ella/usted) p**i**de	er/sie/es verlangt / Sie verlangen
(nosotros/nosotras) pedimos	wir verlangen
(vosotros/vosotras) pedís	ihr verlangt
(ellos/ellas/ustedes) p**i**den	sie/Sie verlangen

EJERCICIOS

Ejercicios escritos

1. Setzen Sie das Perfekt des in Klammern angegebenen Verbs ein:

a. Esta mañana ... (yo / hacer) la cama.
b. Manuel ... (hablar) hoy con su profesor.
c. Vosotros no ... (ver) esa película (Film), ¿no?
d. Nosotros ... (comer) hoy en un restaurante.
e. ¿... (ir) tus padres al cine?
f. No me ... (tú / decir) la verdad.

2. Übersetzen Sie ins Spanische:

a. Meine Mutter ist sehr müde.
b. Ich habe es ihr gesagt.
c. Der Lehrer korrigiert die Übungen.
d. Das muss gemacht werden.
e. Er studiert immer noch.
f. Ihr seid ins Büro gegangen.

3. Ergänzen Sie die Verhältniswörter:

a. Ah, claro, ... eso se llama usted Müller.
b. Esos chicos rubios son dos amigos ... José.
c. Los dos trabajan ... una empresa.
d. Estoy de vacaciones ... mi mujer y mi hijo.
e. ¿Dónde se come bien ... Barcelona?

4. Lösen Sie dieses Worträtsel, indem Sie die spanische Bedeutung der deutschen Wörter in die Kästchen schreiben. Am Schluss werden Sie den Namen eines berühmten spanischen Bauwerks senkrecht lesen können:

1. Schule – 2. Haus – 3. danke – 4. die (Mehrzahl, männlich) – 5. (du) sprichst – 6. erwarten (sie, Mehrzahl) – 7. (wir) essen – 8. blond – 9. Verkehr – 10. schlank

1 | E | S | C | U | E | L | A

2. Hören Sie auf der CD, was Pablo, Marta, Eva und Rafael über ihre Arbeit sagen, und entscheiden Sie dann, ob sie mit ihren Arbeitszeiten, Chefs und Kollegen (*compañeros*) zufrieden sind oder nicht.

	horario		jefe		compa-ñeros	
	sí	no	sí	no	sí	no
Pablo	❏	❏	❏	❏	❏	❏
Marta	❏	❏	❏	❏	❏	❏
Eva	❏	❏	❏	❏	❏	❏
Rafael	❏	❏	❏	❏	❏	❏

3. Arbeiten Sie nun die mündlichen Übungen auf der CD durch.

Ejercicios orales 3/11-13

1. Auf der CD hören Sie zehn Sätze. Entscheiden Sie, welche der darin vorkommenden Verben eine regelmäßige und welche eine unregelmäßige Gegenwartsform haben. Beispiel: Das Verb im ersten Satz ist regelmäßig.

Regelmäßig: 1, _____
Unregelmäßig: _____

LECCIÓN 6 —— Hoy he trabajado muchísimo

VOCABULARIO

Fragen zur Person

¿A qué hora se ha levantado Vd. esta mañana?	Um wie viel Uhr sind Sie heute früh aufgestanden?
¿Ha desayunado en casa?	Haben Sie zu Hause gefrühstückt?
¿Qué horario de trabajo tiene Vd.?	Welche Arbeitszeiten haben Sie?
¿Almuerza Vd. normalmente en casa?	Essen Sie normalerweise daheim zu Mittag?
¿Cuándo ha tenido la última vez vacaciones?	Wann haben Sie das letzte Mal Urlaub gehabt?
¿Qué tal te ha ido hoy?	Wie ist es dir heute gegangen?

Zur eigenen Person

Me he levantado temprano.	Ich bin früh aufgestanden.
He desayunado en casa y después me he venido a la oficina.	Ich habe zu Hause gefrühstückt und dann bin ich ins Büro gegangen.
Tengo jornada partida.	Ich habe keinen durchgehenden Arbeitstag.
Por la mañana trabajo de 9 a 2 y por la tarde de 4 a 7.	Vormittags arbeite ich von 9 bis 14 Uhr und nachmittags von 16 bis 19 Uhr.
Normalmente como en casa.	Ich esse normalerweise daheim.
Hoy no he tenido tiempo.	Heute habe ich keine Zeit gehabt.
He comido en la oficina.	Ich habe im Büro gegessen.
Siempre cojo las vacaciones en agosto.	Ich nehme immer im August Urlaub.
Hoy he trabajado muchísimo.	Heute habe ich sehr viel gearbeitet.
Estoy agotado.	Ich bin sehr müde / erschöpft.
Estoy hecho polvo.	Ich bin fix und fertig.

Andere Wendungen

¡Pobrecito!	Der Arme! / Du Armer!
ni siquiera	nicht einmal
¡Con lo cansadísimo que estoy!	Wo ich doch so müde bin!

3/14

Hören Sie sich die Monate und Jahreszeiten an und achten Sie genau auf die Aussprache.

enero	Januar
febrero	Februar
marzo	März
abril	April
mayo	Mai
junio	Juni
julio	Juli
agosto	August
septiembre	September
octubre	Oktober
noviembre	November
diciembre	Dezember
en enero	im Januar
a principios de enero	Anfang Januar
a finales de enero	Ende Januar
las estaciones del año	Jahreszeiten
la primavera	Frühling
el verano	Sommer
el otoño	Herbst
el invierno	Winter
en primavera	im Frühling

CONVERSACIÓN 3/15

Hören Sie sich nun die Anweisungen auf der CD an und nehmen Sie an der Unterhaltung teil.

LECCIÓN 6 —— Hoy he trabajado muchísimo

¿Adónde vamos de vacaciones? — LECCIÓN 7

DIÁLOGO 19 3/16

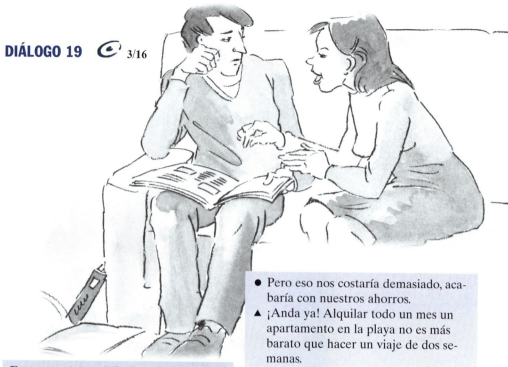

Esperanza (▲) und Enrique (●) planen ihren Sommerurlaub.

▲ ¿Adónde te gustaría ir este año de vacaciones?
● Bueno, podríamos alquilar otra vez un apartamento en Punta Umbría; la Costa de la Luz es muy bonita.
▲ Ni hablar. Este año me gustaría ir a otro lado. Siempre vamos a la Costa del Sol o a la Costa de la Luz.
● Pues podríamos ir entonces al norte, a alguna playa de Cantabria o del País Vasco. Así conoceríamos mejor esa zona.
▲ Yo ya conozco el norte de España. Este año quiero hacer algo distinto, ya estoy harta de arena, sol y agua.
● ¿Por qué no alquilamos entonces una casita en el campo y …?
▲ … Y nos morimos de calor y aburrimiento. No, gracias. Esta vez me gustaría salir de España, conocer otro país, otra cultura.
● Pero eso nos costaría demasiado, acabaría con nuestros ahorros.
▲ ¡Anda ya! Alquilar todo un mes un apartamento en la playa no es más barato que hacer un viaje de dos semanas.
● No sé, no sé. Tendríamos que informarnos bien antes de decidirnos.
▲ Sí, claro. Yo ya tengo algunos folletos donde vienen algunas ofertas muy buenas y …

———

▲ Wohin möchtest du dieses Jahr in Urlaub fahren?
● Also, wir könnten nochmal ein Appartement in Punta Umbría mieten; die Costa de la Luz (Atlantikküste Südspaniens) ist sehr schön.
▲ Kommt nicht in Frage. Dieses Jahr möchte ich woanders hinfahren. Wir fahren immer entweder an die Costa de la Luz oder an die Costa del Sol (südspanischer Küstenstreifen am Mittelmeer zwischen Gibraltar und Málaga).
● Wir könnten dann ja in den Norden fahren, an einen Strand von Kantabrien oder vom Baskenland. So würden wir diese Gegend besser kennen lernen.

LECCIÓN 7 —— ¿Adónde vamos de vacaciones?

▲ Ich kenne Nordspanien schon. Dieses Jahr will ich was anderes machen, ich habe Sand, Sonne und Wasser satt.
● Warum mieten wir dann nicht ein Häuschen auf dem Land und …?
▲ … und sterben vor Hitze und Langeweile. Nein, danke. Dieses Mal möchte ich raus aus Spanien, ich möchte ein anderes Land, eine andere Kultur kennen lernen.
● Aber das würde uns zu viel kosten, es würde unsere ganzen Ersparnisse aufbrauchen.
▲ Von wegen! Ein Appartement am Strand einen Monat lang zu mieten ist nicht billiger als eine zweiwöchige Reise.
● Na ja, ich weiß nicht. Wir müssen uns gut informieren, bevor wir uns entscheiden.
▲ Ja, freilich. Ich habe schon einige Broschüren mit ein paar guten Angeboten [wo ein paar gute Angebote stehen] und …

Übungsdialog 3/17

a. Hören Sie sich das Beispiel auf der CD an. Beantworten Sie dann die Fragen nach dem Muster; benutzen Sie dabei die unten stehenden Angaben:

■ ¿Adónde te gustaría ir este año de vacaciones?
◆ Bueno, podríamos alquilar un apartamento en la playa.

1. alquilar un apartamento en la playa
2. alquilar una casita en el campo
3. salir de España
4. hacer un viaje al extranjero (Ausland)
5. ir a Latinoamérica

b. Hören Sie sich jetzt den zweiten Beispieldialog an und antworten Sie nach dem Muster mit den gleichen Angaben:

■ Este año podríamos ir a París de vacaciones.
◆ Ni hablar. Este año me gustaría alquilar un apartamento en la playa.

Konditional (ich würde …)

Regelmäßige Verben bilden das Konditional ausgehend vom Infinitiv und bestimmten Endungen, die für alle Verben gleich sind:
→ Este año me gusta**ría** ir a otro lado. (Dieses Jahr möchte ich gern woanders hinfahren.)
→ Así conoce**ríamos** mejor esa zona. (So würden wir diese Gegend besser kennen lernen.)

Einige unregelmäßige Verben verändern im Konditional den Stamm. Meist wird er verkürzt, oder es wird ein -d- eingeschoben:
→ Po**d**ríamos alquilar un apartamento. (Wir könnten ein Appartement mieten.)
→ Ten**d**ríamos que informarnos bien. (Wir müssten uns gut informieren.)

Die Verbgruppe mit der Veränderung c > zc

Einige Verben, die auf *-acer*, *-ecer*, *-ocer* und *-ucir* enden, fügen in der ersten Person Einzahl vor dem *c* ein *z* ein; die anderen Personen sind regelmäßig:
→ Yo ya cono**zc**o el norte de España. (Ich kenne Nordspanien schon.)

Andere Verben dieser Gruppe sind: *agradecer* (danken), *conducir* (fahren), *crecer* (wachsen), *obedecer* (gehorchen), *ofrecer* (anbieten), *parecer* (scheinen), *reconocer* (erkennen, zugeben), *traducir* (übersetzen).

Wörtliche Bedeutung

Mit ¡*Anda ya*¡ (wörtlich: Lauf schon!) kann man ausdrücken, dass man mit einer Äußerung seines Gesprächspartners überhaupt nicht einverstanden ist. Es entspricht im Deutschen „Von wegen!"

ⓘ Información

Die große Mehrheit der Spanier macht im Juli oder August Urlaub; die Kinder haben von Ende Juni bis Mitte September Schulferien. Viele Spanier verbringen ihren Urlaub irgendwo an der fast 4.000 Kilometer langen Küste; viele Familien haben dort eine Ferienwohnung oder mieten eine für ein paar Wochen.

DIÁLOGO 20 3/18

Esperanza (●) erkundigt sich in einem Reisebüro (▲) nach Angeboten für Peru.

▲ Entonces usted está interesada en nuestro viaje «Perú en dos semanas».
● Sí, sé que no es mucho tiempo para conocer un país, pero supongo que visitaremos las ciudades más importantes.
▲ Claro, además de la visita a Lima, en el viaje se incluye un recorrido por las zonas y ciudades más interesantes como, por ejemplo, Arequipa o Trujillo.
● Sí, bueno, pero a mi marido y a mí nos interesan mucho las culturas precolombinas y …
▲ Sí, sí, claro, también visitarán el Machu Picchu y entrarán en contacto con la cultura inca.
● Pero Perú es enorme, ¿cómo nos desplazaremos de un sitio a otro?
▲ Bueno, algunas veces con vuelos interiores, pero con frecuencia tendrán que viajar durante horas en autobús.
● ¿Y el alojamiento?
▲ Se alojarán en buenos hoteles en régimen de media pensión.
● ¿Y al mediodía?
▲ Al mediodía ya les indicará el guía dónde pueden comer; él los acompañará durante todo el viaje.

▲ Sie sind also an unserer Reise „Peru in zwei Wochen" interessiert.
● Ja. Ich weiß, dass es nicht lange genug ist, um ein Land kennen zu lernen, aber ich nehme an, dass wir die wichtigsten Städte besichtigen werden.
▲ Selbstverständlich, außer der Besichtigung von Lima ist in dieser Reise eine Tour durch die interessantesten Gebiete und Städte wie zum Beispiel Arequipa oder Trujillo eingeschlossen.
● Ja gut, aber meinen Mann und mich interessiert die präkolumbische Kultur sehr und …
▲ Ja, ja, freilich, Sie werden auch Machu Picchu besichtigen und mit der Inka-Kultur in Berührung kommen.
● Aber Peru ist riesig, wie werden wir von einem Ort zum anderen gelangen?
▲ Gut, manchmal mit Inlandsflügen, aber sie werden oft stundenlang im Bus reisen müssen.
● Und die Unterkunft?
▲ Sie werden in guten Hotels mit Halbpension übernachten.
● Und mittags?
▲ Mittags wird Ihnen der Reiseführer schon sagen, wo Sie essen können; er wird Sie während der ganzen Reise begleiten.

Übungsdialoge 3/19

a. Hören Sie sich zunächst den Beispieldialog auf der CD an und beantworten Sie dann die Fragen in der Zukunft. Benutzen Sie die Angaben in der ersten Zeile:

■ ¿Dónde se alojarán Pablo y María?
◆ Pablo y María se alojarán en un hotel.

¿Adónde vamos de vacaciones? — **LECCIÓN 7**

1. Pablo y María / alojar / hotel
   la cultura inca
2. Alberto / visitar / Perú
   las culturas precolombinas
3. Antonio y Juan / comer / restaurante
   los museos
4. Peter / desplazar / autobús
   la lengua española
5. Lola y Carmen / acompañar / un guía
   el Machu Picchu

b. Hören Sie sich den zweiten Beispieldialog auf der CD an und antworten Sie nach dem Muster. Benutzen Sie die Angaben in der zweiten Zeile:

- ¿Qué les interesa a Pablo y María?
- ◆ A Pablo y María les interesa la cultura inca.

Die Zukunft

Regelmäßige Verben bilden die Zukunft durch Anhängen bestimmter Endungen an den Infinitiv (siehe *Gramática* Seite 95). Diese Endungen sind für alle Verben gleich.
→ Visitar**emos** las ciudades más importantes. (Wir werden die wichtigsten Städte besuchen.)
→ Él los acompañar**á** durante todo el viaje. (Er wird sie während der ganzen Reise begleiten.)

Die unregelmäßigen Verben haben die gleiche Unregelmäßigkeit in der Zukunft wie im Konditional:
→ Ten**dr**án que viajar durante horas en autobús. (Sie werden stundenlang im Bus fahren müssen.)

Die Verbgruppe mit der Veränderung -y-

Bei den Verben auf *-uir* wird ein *-y-* in den vier stammbetonten Formen eingeschoben:
→ Se inclu**y**e un recorrido por las zonas y ciudades más interesantes. (Eine Tour durch die interessantesten Gebiete und Städte ist eingeschlossen.)

¿ Información

Peru liegt im Westen Südamerikas. Das fast 1,3 Millionen km² große Land grenzt im Westen an den Stillen Ozean, im Norden an Ecuador und Kolumbien, im Osten an Brasilien und Bolivien und im Süden an Chile. Die Anden durchziehen Peru von Norden nach Süden und sind die Ursache für wichtige geographische und klimatische Unterschiede zwischen dem Westen und Osten des Landes. Peru hat 28 Millionen Einwohner und zwei Staatssprachen: Spanisch und Ketchua, die Sprache des ehemaligen Inkareiches.
Die Inkas ließen sich in Cuzco im 12. Jahrhundert nieder und breiteten sich von Südkolumbien bis nach Chile und Nordargentinien aus.

DIÁLOGO 21 3/20

Wir treffen Esperanza (▲) und Enrique (●) wieder, die gerade am Flughafen angekommen sind.

▲ Adiós y muchas gracias por traernos al aeropuerto.
● Adiós y conducid con cuidado.
▲ Anda, toma mi maleta que pesa mucho y yo cogeré la tuya.
● ¿Dónde estará el mostrador donde tenemos que facturar?
▲ Tiene que estar por aquí … ¡Mira! Ahí está.
 (En la cola)
● ¿Tienes mi pasaporte?
▲ ¿Tu pasaporte? (Busca en el bolso.) Aquí está el mío, pero el tuyo … Sí, el tuyo también está aquí.
● ¡Menos mal! ¡Qué susto! (Después de esperar un rato en la cola)
■ Buenos días. Sus billetes, por favor.
▲ Aquí los tiene. Nos gustaría, si es posible, un asiento al lado de la ventanilla.
■ Sí, un asiento al lado de la ventanilla …, ¿fumador o no fumador?
▲ No fumador, por favor.
■ Muy bien, aquí están sus tarjetas de embarque. Tienen que embarcar por la puerta número once.
▲ Muchas gracias, señorita.

▲ Auf Wiedersehen und danke fürs Herbringen [dass du uns zum Flughafen gebracht hast].
● Auf Wiedersehen und seid [fahrt] vorsichtig.
▲ Komm, nimm mal meinen Koffer, er ist sehr schwer, und ich werde deinen nehmen.
● Wo wird wohl der Schalter sein, an dem wir einchecken müssen?
▲ Er muss wohl hier sein … Schau mal! Da ist er.

 (In der Schlange)
● Hast du meinen Pass?
▲ Deinen Pass? (Sie sucht in ihrer Handtasche.) Hier ist meiner, aber deiner … Ja, deiner ist auch da.
● Gott sei Dank! Bin ich erschrocken! (Nachdem sie eine Weile in der Schlange gewartet haben)
■ Guten Morgen. Ihre Flugscheine, bitte.
▲ Bitteschön [hier haben Sie sie]. Wir möchten, wenn es geht, einen Platz am Fenster [neben dem Fenster].
■ Ja, einen Fensterplatz … Raucher oder Nichtraucher?
▲ Nichtraucher, bitte.
■ In Ordnung, hier sind Ihre Bordkarten. Sie müssen am Ausgang 11 einsteigen.
▲ Danke schön, [Fräulein].

Übungsdialog 3/21

Hören Sie sich das Beispiel auf der CD an und beantworten Sie die Fragen nach den Angaben. Beachten Sie dabei Geschlecht und Zahl des Wortes:

■ ¿Tienes mis llaves?
◆ ¿Tus llaves? Aquí están las mías, pero las tuyas … Sí, las tuyas también están aquí.

1. llaves   3. libros   5. billete
2. pasaporte 4. maleta

Die bejahte Befehlsform I

Die bejahte Befehlsform der zweiten Person Einzahl entspricht der dritten Person Einzahl Gegenwart:

hablar	→	habl**a** (sprich)
comer	→	com**e** (iss)
vivir	→	viv**e** (lebe)

Einige Verben haben eine unregelmäßige Befehlsform für die zweite Person:

hacer	→	**haz**	venir	→	**ven**
ser	→	**sé**	poner	→	**pon**
decir	→	**di**	salir	→	**sal**
ir	→	**ve**	tener	→	**ten**

Die bejahte Befehlsform der zweiten Person Mehrzahl entspricht fast dem Infinitiv, lediglich das *-r* der Endung ist durch *-d* ersetzt:

hablar	→	habla**d** (sprecht)
comer	→	come**d** (esst)
vivir	→	vivi**d** (lebt)

Los posesivos II (Die besitzanzeigenden Fürwörter)

Neben den adjektivisch gebrauchten besitzanzeigenden Fürwörtern *mi, tu, su* usw. gibt es im Spanischen auch substantivisch verwendete Formen:

- → mío/a/os/as
- → tuyo/a/os/as
- → suyo/a/os/as
- → nuestro/a/os/as
- → vuestro/a/os/as
- → suyo/a/os/as

Diese Formen werden stets mit Artikel gebraucht, wenn sie anstelle eines Hauptworts stehen:

- → Yo cogeré tu maleta. → Yo cogeré la tuya. (Ich werde deinen nehmen.)
- → Aquí está mi pasaporte. → Aquí está el mío. (Hier ist meiner.)

Weitere Anwendungen:

Ser + *posesivo* (gehören):
- → Ese vaso es mío. (Dieses Glas gehört mir.)

Unbestimmter Artikel + Hauptwort + *posesivo* (ein/e … von …):
- → Es un amigo mío. (Er ist ein Freund von mir.)

Wörtliche Bedeutungen

- → *Anda* drückt in diesem Kontext eine Forderung aus; man erwartet etwas von seinem Gesprächspartner.
- → *Menos mal* (wörtlich: weniger schlecht) heißt, dass etwas nicht so schlecht ist, wie man es erwartet hat.

GRAMÁTICA

DIE VERBGRUPPE MIT DER VERÄNDERUNG *C > ZC*

(yo) cono**zc**o	ich kenne
(tú) conoces	du kennst
(él/ella/usted) conoce	er/sie/es kennt / Sie kennen
(nosotros/nosotras) conocemos	wir kennen
(vosotros/vosotras) conocéis	ihr kennt
(ellos/ellas/ustedes) conocen	sie/Sie kennen

DIE VERBGRUPPE MIT DER VERÄNDERUNG *-Y-*

(yo) inclu**y**o	ich füge ein
(tú) inclu**y**es	du fügst ein
(él/ella/usted) inclu**y**e	er/sie/es fügt ein / Sie fügen ein
(nosotros/nosotras) incluimos	wir fügen ein
(vosotros/vosotras) incluís	ihr fügt ein
(ellos/ellas/ustedes) inclu**y**en	sie/Sie fügen ein

DIE ZUKUNFT

(yo) visitar**é**	ich werde besuchen
(tú) visitar**ás**	du wirst besuchen
(él/ella/usted) visitar**á**	er/sie/es wird / Sie werden besuchen
(nosotros/nosotras) visitar**emos**	wir werden besuchen
(vosotros/vosotras) visitar**éis**	ihr werdet besuchen
(ellos/ellas/ustedes) visitar**án**	sie/Sie werden besuchen

DAS KONDITIONAL

(yo) conocer**ía**	ich würde kennen
(tú) conocer**ías**	du würdest kennen
(él/ella/usted) conocer**ía**	er/sie/es würde / Sie würden kennen
(nosotros/nosotras) conocer**íamos**	wir würden kennen
(vosotros/vosotras) conocer**íais**	ihr würdet kennen
(ellos/ellas/ustedes) conocer**ían**	sie/Sie würden kennen

GRAMÁTICA

UNREGELMÄSSIGE VERBEN IN DER ZUKUNFT UND IM KONDITIONAL

		Zukunft	Konditional
decir	→	diré	diría
hacer	→	haré	haría
haber	→	habré	habría
poder	→	podré	podría
poner	→	pondré	pondría
querer	→	querré	querría
saber	→	sabré	sabría
salir	→	saldré	saldría
tener	→	tendré	tendría
venir	→	vendré	vendría

EJERCICIOS
Ejercicios escritos

1. Setzen Sie die folgenden Sätze zuerst in die Zukunft und dann ins Konditional:

a. Voy a trabajar.
b. Podemos comprar una casa.
c. Estáis muy cansados.
d. Viajan en autobús.
e. Tienes mucho dinero.

2. Füllen Sie die Lücken mit einem besitzanzeigenden Fürwort. Beispiel:

a. Éstos son tus libros; estos libros son tuyos.
b. Ese libro es de Marta; ese libro es …
c. ¿Es éste tu pasaporte? Sí, es el …
d. ¿Es Antonio vuestro amigo? Sí, es un amigo …
e. Estas sillas son de ellos; son …

3. Bilden Sie die erste Person Gegenwart der folgenden Verben:

a. agradecer _____
b. dormir   _____
c. querer   _____
d. ofrecer   _____
e. decir   _____
f. salir   _____

4. Worträtsel: Finden Sie die Befehlsformen der folgenden Verben heraus und kreisen Sie sie ein. Die Wörter können in allen Richtungen stehen, auch von unten nach oben oder von rechts nach links:

venir (tú) – comer (vosotros) – ser (tú) – hablar (tú) – viajar (vosotros) – poner (tú) – vivir (vosotros) – coger (tú) – conducir (tú) – venir (vosotros)

LECCIÓN 7 —— ¿Adónde vamos de vacaciones?

M	O	P	A	E	V	Ñ	R	H	Q	W	Z	I
Z	K	L	M	O	E	C	N	O	W	A	C	N	O
H	A	B	L	A	N	K	O	M	K	L	P	J	Y
O	K	T	B	D	I	M	T	N	V	Z	B	A	D
A	L	S	A	C	D	N	R	Y	D	Ñ	S	S	T
S	E	N	Q	R	S	T	T	N	T	U	M	O	E
V	N	O	P	W	V	E	O	R	S	N	C	K	J
C	S	L	O	X	G	P	Q	U	E	D	C	E	O
D	T	K	T	O	Y	Z	P	T	V	Z	X	A	B
P	P	D	C	K	O	V	I	A	J	A	D	D	P
N	K	E	J	L	T	N	N	O	C	H	G	I	N
D	B	M	N	V	L	D	M	B	I	D	F	V	B
D	O	O	B	N	E	V	A	L	K	J	E	I	E
V	O	C	G	J	B	L	I	O	N	P	O	V	A

Ejercicios orales 3/22-25

1. Hören Sie sich die folgenden Sätze auf der CD an und geben Sie dann an, ob sie im Restaurant, am Flughafen, im Reisebüro, im Hotel oder in der Arbeit gesagt worden sind. Schreiben Sie zu jedem Ort die Nummer des jeweiligen Satzes.

   ❏ en el restaurante
   ❏ en el aeropuerto
   ❏ en la agencia de viajes
   ❏ en el hotel
   ❏ en el trabajo

2. Entscheiden Sie, welche der folgenden Fragen zu einer der Antworten passt, die Sie auf der CD hören. Schreiben Sie zu jeder Frage die Nummer der jeweiligen Antwort.

   ❏ ¿Vas a ir este año de vacaciones a la playa?
   ❏ ¿Cómo nos desplazaremos de un sitio a otro?
   ❏ ¿Dónde nos alojaremos?
   ❏ ¿Por dónde tenemos que embarcar?
   ❏ ¿Tienes mi pasaporte?

3. Hören Sie sich die zehn Sätze auf der CD an und schreiben Sie auf, ob die Verben in der Gegenwart, in der Zukunft oder im Perfekt stehen.

   Gegenwart: _____
   Zukunft: _____
   Perfekt: _____

4. Arbeiten Sie nun die mündlichen Übungen auf der CD durch.

¿Adónde vamos de vacaciones? — **LECCIÓN 7**

VOCABULARIO

Vorschläge machen

Pues podríamos ir al norte.	Wir könnten ja in den Norden fahren.
¿Por qué no alquilamos una casita en el campo?	Warum mieten wir nicht ein Häuschen auf dem Land?

Wünsche äußern

Este año me gustaría ir a otro lado.	Dieses Jahr möchte ich woanders hinfahren.
Nos gustaría, si es posible, un asiento al lado de la ventanilla.	Wir möchten, wenn es geht, einen Platz am Fenster.

Vor- und Nachteile abwägen

Así conoceríamos mejor esa zona.	So würden wir diese Gegend besser kennen lernen.
Eso nos costaría demasiado.	Das würde uns zu viel kosten.

Befehle geben

Conducid con cuidado.	Fahrt vorsichtig.
Toma mi maleta.	Nimm meinen Koffer.

Im Reisebüro

el folleto	Broschüre
Vd. está interesada en nuestro viaje.	Sie sind an unserer Reise interessiert.
Supongo que visitaremos las ciudades más importantes.	Ich nehme an, dass wir die wichtigsten Städte besichtigen werden.
En el viaje se incluye un recorrido por …	In dieser Reise ist eine Tour durch … eingeschlossen.
¿Cómo nos desplazaremos de un sitio a otro?	Wie werden wir von einem Ort zum anderen gelangen?
el vuelo	Flug
el alojamiento	Unterkunft
alojarse	übernachten
la media pensión	Halbpension
el guía	Reiseführer (Person)

Am Flughafen

el aeropuerto	Flughafen
el billete de avión	Flugschein
el avión	Flugzeug
el pasajero	Fluggast
la escala	Zwischenlandung
la salida de emergencia	Notausgang
el mostrador	Schalter
facturar	einchecken
la maleta	Koffer
el pasaporte	Pass
la cola	Schlange
el asiento	Platz
la ventanilla	Fenster (im Verkehrsmittel)
fumador	Raucher
la tarjeta de embarque	Bordkarte
el resguardo de equipaje	Gepäckschein
embarcar	an Bord gehen / einsteigen

Andere Ausdrücke

Ni hablar.	Es kommt nicht in Frage.
¡Anda ya!	Von wegen!
¡Menos mal!	Das ist nicht so schlimm! / Gott sei Dank!
¡Qué susto!	Bin ich erschrocken!

3/26

Hören Sie sich die folgenden zusätzlichen Begriffe auf der CD an und achten Sie bitte auf die Aussprache.

el equipaje	Gepäck
el exceso de equipaje	Übergepäck
el horario (de los aviones)	Flugplan
la pista	Piste
despegar	starten
aterrizar	landen
la azafata	Stewardess
el retraso	Verspätung
reservar	buchen
el viaje en grupo	Gruppenreise
la pensión completa	Vollpension

CONVERSACIÓN 3/27

Hören Sie sich nun wieder die Anweisungen an und nehmen Sie an der Unterhaltung teil.

Un billete para Madrid, por favor —— LECCIÓN 8

DIÁLOGO 22 3/28

Herr López (▲) möchte mit dem Zug nach Madrid fahren und erkundigt sich am Schalter (●).

- ▲ Buenos días, señorita.
- ● Buenos días. ¿En qué puedo servirle?
- ▲ ¿Me puede decir, por favor, a qué hora salen los trenes para Madrid?
- ● Bueno, el primer AVE sale a las 6:30 y a partir de las 7 sale uno a cada hora hasta las 22 horas. También hay cuatro TALGOS que van diariamente a Madrid.
- ▲ ¿Son todos directos o hay que hacer transbordo?
- ● Son todos trenes directos.
- ▲ ¿A qué hora llega a Madrid el AVE que sale a las 6 de la tarde?
- ● El AVE de las 18 horas llega a las 20:30 a Madrid.
- ▲ ¿Y cuánto cuesta?
- ● ¿Un billete de ida y vuelta?
- ▲ No, sólo de ida.
- ● En clase preferente cuesta 92 euros y en turista 62 euros.
- ▲ Muy bien. Déme usted entonces, por favor, dos billetes en clase turista sólo de ida para mañana a las 6 de la tarde y resérveme los asientos, por favor, en un compartimento para fumadores.
- ● Aquí tiene sus billetes, son 124 euros.
- ▲ Gracias. ¿En qué andén hay que cogerlo?
- ● El AVE suele salir por el andén número 5, pero vuelva a preguntar mañana en ventanilla para asegurarse

LECCIÓN 8 — Un billete para Madrid, por favor

- ▲ Guten Morgen [Fräulein].
- • Guten Morgen. Was kann ich für Sie tun? [Womit kann ich Ihnen dienen?]
- ▲ Können Sie mir bitte sagen, wann [zu welchen Zeiten die] Züge nach Madrid fahren?
- • Gut, der erste AVE fährt um 6.30 Uhr und ab 7 Uhr fährt jede Stunde einer bis um 22 Uhr. Es gibt auch vier TALGOS, die täglich nach Madrid fahren.
- ▲ Sind alles Direktzüge, oder muss man umsteigen?
- • Alles sind Direktzüge.
- ▲ Um wie viel Uhr kommt der AVE, der um 18 Uhr abfährt, in Madrid an?
- • Der 18 Uhr AVE kommt um 20.30 Uhr in Madrid an.
- ▲ Und wie viel kostet es?
- • Eine Rückfahrkarte?
- ▲ Nein, nur einfach.
- • Erster Klasse 92 Euro und zweiter Klasse 62 Euro.
- ▲ Sehr gut. Geben Sie mir dann bitte zwei Fahrkarten zweiter Klasse einfach und reservieren Sie mir bitte die Plätze in einem Raucherabteil.
- • Hier haben Sie Ihre Fahrkarten, das macht 124 Euro.

- ▲ Danke. An welchem Bahnsteig muss ich [man] einsteigen?
- • Normalerweise fährt der AVE vom Bahnsteig 5 ab, aber fragen Sie morgen am Schalter zur Sicherheit [um sich zu versichern] noch einmal.

Übungsdialog 3/29

Sie wollen in die unten aufgeführten Städte fahren und erkundigen sich nach den Abfahrts- und Ankunftszeiten. Hören Sie sich den Beispieldialog auf der CD an und fragen Sie nach demselben Muster:

- ◆ ¿Me puede decir, por favor, a qué hora salen los trenes para Madrid?
- ▪ Hay un tren que sale a las 9 de la mañana y otro que sale a las 15:30.
- ◆ ¿Y a qué hora llega a Madrid el tren de las 9?
- ▪ Llega a las 11:30.

1. Madrid / 9
2. Córdoba / 13:30
3. Bilbao / 18:45
4. La Coruña / 12:33
5. Valencia / 21:50
6. Almería / 8

Die bejahte Befehlsform II

Die bejahte Befehlsform für *usted/ustedes* und *nosotros* wird mit den Formen des *subjuntivo* (Konjunktiv) gebildet. Bei den Verben auf *-ar* enden die Befehlsformen auf *-e(n)* bzw. *-emos*, bei den Verben auf *-er* und *-ir* auf *-a(n)* bzw. *-amos*.

→ hablar	→	¡Hable(n)! (Sprechen Sie!)	¡Hablemos! (Lasst uns sprechen!)
→ comer	→	¡Coma(n)! (Essen Sie!)	¡Comamos! (Lasst uns essen!)
→ escribir	→	¡Escriba(n)! (Schreiben Sie!)	¡Escribamos! (Lasst uns schreiben!)

Un billete para Madrid, por favor — LECCIÓN 8

Die persönlichen Fürwörter werden an die bejahte Befehlsform angehängt, auch an die „du"- und „ihr"-Form:
→ Dé**me** usted dos billetes de ida y vuelta. (Geben Sie mir zwei Rückfahrkarten.)
→ Resérve**nos** los asientos, por favor, en un compartimento para fumadores. (Reservieren Sie uns bitte die Plätze in einem Raucherabteil.)
→ Resérva**me**, por favor, … (Reservier mir bitte …)

Soler

Soler ([zu tun] pflegen) wird sehr oft im Spanischen statt *normalmente* (normalerweise) benutzt:
→ El AVE suele salir por el andén número cinco. (Der AVE fährt normalerweise vom Bahnsteig 5 ab.)

Diesem Verb folgt stets ein Infinitiv. Die persönlichen Fürwörter können, wie bei den Modalverben, entweder vor dem konjugierten Verb stehen oder an den Infinitiv angehängt werden:
→ **Me** suelo levantar temprano. (Ich stehe normalerweise früh auf.)
→ Suelo levantar**me** temprano.

Volver a

Mit *volver a* + Infinitiv kann ausgedrückt werden, dass man etwas wieder oder noch einmal tut:
→ Vuelva a preguntar mañana. (Fragen Sie morgen noch einmal.)

Auch bei *volver a* + Infinitiv können die persönlichen Fürwörter entweder vor dem konjugierten Verb stehen oder an den Infinitiv angehängt werden:
→ **Lo** vuelvo a preguntar. (Ich frage noch einmal danach.)
→ Vuelvo a preguntar**lo**.

Información

Die spanische Staatsbahn heißt RENFE (Red Nacional de Ferrocarriles Españoles). Zwei der berühmtesten Züge in Spanien sind der TALGO (Tren Articulado Ligero Goicoechea Oriol) und der AVE (tren de Alta Velocidad). Der AVE fährt bis jetzt nur die Strecke Sevilla – Madrid, die 1992 aus Anlass der Weltausstellung in Sevilla ausgebaut wurde.

Man kann mit dem AVE in drei verschiedenen Klassen fahren: *Club* (Luxusklasse), *preferente* (erste Klasse) und *turista* (zweite Klasse). Man sagt trotzdem oft einfach *viajar en primera / en segunda* (erster / zweiter Klasse fahren).

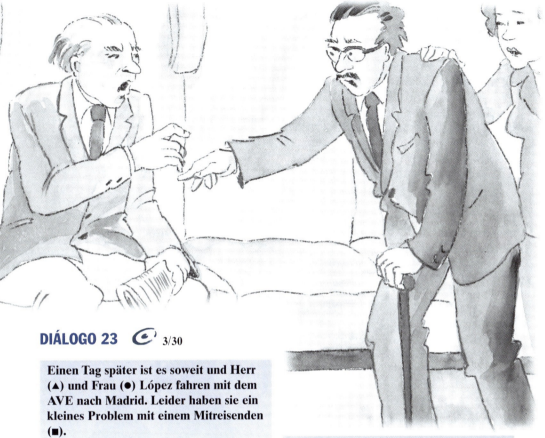

DIÁLOGO 23 3/30

Einen Tag später ist es soweit und Herr (▲) und Frau (●) López fahren mit dem AVE nach Madrid. Leider haben sie ein kleines Problem mit einem Mitreisenden (■).

▲ Aquí tiene que ser. Sí, vagón número cinco.
● No subas todavía, es demasiado pronto.
▲ Pero, mujer, tenemos que buscar los asientos, colocar las maletas …
● No te pongas nervioso, hombre, el tren no se va a ir sin ti.
▲ Si quieres perder el tren, allá tú. Yo voy a subir ahora mismo.
● Bueno, Pepe, subamos. (Ya en el tren) ¡Mira! Nuestros asientos ya están ocupados. Tendremos que llamar al revisor.
▲ ¡Anda ya! Esto lo puedo arreglar yo solo. (Se dirige a los señores que ocupan los asientos.) Disculpen ustedes, pero me temo que éstos son nuestros asientos.
■ ¿Sus asientos? Nosotros hemos llegado antes y …
▲ Perdone, creo que no me ha comprendido. Ayer, cuando compré los billetes, también reservé estos asientos.
■ Mire usted, casi todo el tren está vacío y usted quiere precisamente estos asientos.
▲ Pero es que yo …
● Déjalo, Pepe, voy a llamar al revisor.

Un billete para Madrid, por favor — **LECCIÓN 8**

▲ Hier muss es sein. Ja, Wagen Nummer 5.
● Steig noch nicht ein, es ist noch zu früh.
▲ Aber wir müssen doch die Plätze suchen, die Koffer ablegen …
● Mensch, werd nicht nervös, der Zug wird nicht ohne dich abfahren.
▲ Wenn du den Zug verpassen willst, ist das deine Sache. Ich steige sofort ein.
● Gut Pepe, steigen wir ein. (Im Zug) Schau mal! Unsere Plätze sind schon besetzt. Wir werden den Schaffner holen [rufen] müssen.
▲ Das ist nicht nötig! Das kann ich allein regeln. (Er wendet sich an die Herren, die die Plätze besetzen.) Entschuldigen Sie, aber ich fürchte, das sind unsere Plätze.
■ Ihre Plätze? Wir sind früher angekommen und …
▲ Entschuldigung, ich glaube, Sie haben mich nicht verstanden. Gestern, als ich die Fahrkarten kaufte, reservierte ich [auch] diese Plätze.
■ Schauen Sie mal, der Zug ist fast leer und Sie wollen genau diese Plätze.
▲ Aber ich habe doch …
● Lass es Pepe, ich werde den Schaffner holen [rufen].

Übungsdialoge 3/31

a. Hören Sie sich das Beispiel auf der CD an und beantworten Sie die Fragen mit einer bejahten Befehlsform und dem passenden persönlichen Fürwort. Benutzen Sie die Angaben in der ersten Zeile:

■ ¿Compramos la casa?
◆ Sí, compradla.

1. vosotros / comprar la casa
   ustedes
2. tú / alquilar el piso
   usted
3. tú / visitar a tus amigas
   usted
4. tú / leer los libros
   usted
5. vosotros / estudiar la lección
   ustedes

b. Hören Sie sich den Beispieldialog an und beantworten Sie die Fragen nach demselben Muster. Benutzen Sie dafür die Angaben in der zweiten Zeile:

■ ¿Compramos la casa?
◆ Sí, cómprenla.

Cervantes-Denkmal auf der Plaza de España *in Madrid*

Die verneinte Befehlsform

Die verneinte Befehlsform wird für alle Personen mit dem *subjuntivo* gebildet:
→ No subas todavía. (Steig noch nicht ein.)

Bei der verneinten Befehlsform stehen die persönlichen Fürwörter immer vor dem konjugierten Verb:
→ No **te** pongas nervioso. (Werd nicht nervös.)

Einfaches und zusammengesetztes Perfekt

→ Ayer compré el billete. / Esta mañana he comprado el billete.
Im Spanischen gibt es bestimmte Regeln für die Verwendung des einfachen und des zusammengesetzten Perfekts.

Das zusammengesetzte Perfekt:
Die Handlung hat sich kurz vor der Gegenwart vollzogen:
→ Nosotros hemos llegado antes. (Wir sind früher angekommen.)
→ Creo que usted no me ha comprendido. (Ich glaube, Sie haben mich nicht verstanden.)
Der Zeitraum, in dem die Handlung geschieht, dauert noch an (*esta semana, este mes, este siglo* [in diesem Jahrhundert]):
→ He comprado el billete esta mañana. (Ich habe die Fahrkarte heute morgen gekauft.)
Die Folgen der Handlung dauern noch in der Gegenwart an:
→ Me he peleado con María y no nos hablamos. (Ich habe mich mit María gestritten und wir reden nicht miteinander.)

Das einfache Perfekt
Die Handlung wurde in der Vergangenheit abgeschlossen:
→ Su abuelo nació en 1904. (Sein Großvater wurde 1904 geboren.)
Die Handlung hat innerhalb eines abgeschlossenen Zeitraums stattgefunden (*ayer, el año pasado, la semana pasada*):
→ El mes pasado me visitaron mis amigos. (Letzten Monat besuchten mich meine Freunde.)

In einigen lateinamerikanischen Ländern wird fast ausschließlich das einfache Perfekt benuzt.

Wörtliche Bedeutung

Allá (wörtlich: dort) verliert seine ursprüngliche Bedeutung in dem Ausdruck ¡*allá tú*! und heißt so viel wie „das ist deine Sache!".

DIÁLOGO 24   4/1

Herr Carrillo (▲) hat sich in einer fremden Stadt verlaufen und muss ein paarmal nach der Adresse fragen (●, ■, ▼).

▲ ¿Me puede decir, por favor, dónde está la calle de los Herreros?
● ¿La calle de los Herreros? Pues lo siento mucho, no lo sé. Pero a lo mejor lo saben en ese estanco de ahí enfrente.
 (En el estanco)
■ ¿La calle de los Herreros? Sí, claro. Al salir de aquí, coja usted a la izquierda. Después tome la primera calle a la derecha, que es la calle Rosas. En la calle Rosas, a la izquierda, hay una plazoleta con un restaurante. Cruce la plazoleta y al lado del restaurante está la calle de los Herreros.
▲ Muchísimas gracias.

(En la plazoleta no está la calle de los Herreros. El señor Carrillo vuelve a preguntar.)
▲ Por favor, señora, un señor me acaba de decir que la calle de los Herreros está en esta plazoleta y …
▼ Sí, sí, la calle de los Herreros está en una plazoleta, pero no en ésta, sino en aquélla de allá lejos. ¿La ve usted?
▲ Sí, sí, muchas gracias.

▲ Können Sie mir bitte sagen, wo die Calle de los Herreros ist?
● Die Calle de los Herreros? Das tut mir echt Leid, ich weiß es nicht. Aber vielleicht kann man es Ihnen in dem Tabakladen da gegenüber sagen [vielleicht wissen sie es in diesem Tabakladen dort gegenüber].
(Im Tabakladen)
■ Die Calle de los Herreros? Ja, klar. Wenn Sie von hier hinausgehen, gehen Sie nach links. Dann biegen Sie die erste Straße rechts ab, in die Calle Rosas. In der Calle Rosas ist auf der linken Seite ein kleiner Platz mit einem Restaurant. Überqueren Sie den kleinen Platz und neben dem Restaurant ist die Calle de los Herreros.
▲ Vielen Dank.
(Bei dem kleinen Platz ist die Calle de los Herreros nicht. Herr Carrillo fragt noch einmal.)
▲ Entschuldigung, ein Herr hat mir gerade gesagt, dass die Calle de los Herreros bei diesem kleinen Platz sei und …
▼ Ja, ja, die Calle de los Herreros ist bei einem kleinen Platz, aber nicht bei diesem, sondern bei dem dort hinten. Sehen Sie ihn?
▲ Ja, ja, vielen Dank.

Übungsdialoge 4/2

a. Hören Sie sich das Beispiel an und sagen Sie, dass die anderen Handlungen auch gerade geschehen sind. Ersetzen Sie dabei die Hauptwörter durch Fürwörter nach dem Muster:

■ ¿Has leído el periódico?
◆ Sí, lo acabo de leer.

1. leer el periódico
2. comprar el pan
3. leer la revista
4. estudiar la lección
5. pedir un vaso de vino

b. Hören Sie sich den Beispieldialog an und sagen Sie jetzt, dass Sie diese Handlungen wiederholen werden:

■ ¿Has leído el periódico?
◆ Sí, pero lo volveré a leer.

Información

Spanische Straßen sind im Allgemeinen nicht so gut beschildert wie deutsche. Wenn man also eine Adresse sucht, wird man meist etwas länger brauchen, um herauszufinden, in welcher Straße man sich gerade befindet.

Acabar de

Die unmittelbare Vergangenheit wird durch *acabar de* + Infinitiv (gerade etwas getan haben) ausgedrückt:
→ Un señor me acaba de decir … (Ein Mann hat mir gerade gesagt …)

Auch bei *acabar de* + Infinitiv können die persönlichen Fürwörter entweder vor dem konjugierten Verb stehen oder an den Infinitiv angehängt werden:
→ Un señor **me** acaba de decir …
→ Un señor acaba de decir**me** …

Los demostrativos (Die hinweisenden Fürwörter)

Die hinweisenden Fürwörter dienen zur Einteilung von Raum und Zeit:

Este/esta/estos/estas werden für Personen oder Sachen verwendet, die sich räumlich/zeitlich in der Nähe des Sprechenden befinden:
→ Usted quiere **estos** asientos. (Sie wollen diese Plätze.)

Ese/esa/esos/esas beziehen sich auf Personen oder Sachen, die sich räumlich/zeitlich etwas weiter entfernt vom Sprechenden befinden oder beim Gesprächspartner sind:
→ Pero a lo mejor lo saben en **ese** estanco de ahí enfrente. (Vielleicht können sie es Ihnen in diesem Tabakladen da gegenüber sagen.)

Aquel/aquella/aquellos/aquellas beziehen sich auf Personen und Sachen, die vom Sprecher und Gesprächspartner weiter entfernt sind:
→ Viajaremos en **aquel** tren de allí lejos. (Wir werden mit dem Zug dort hinten fahren.)

Éste/ése/aquél sowie die weiblichen und Mehrzahlformen haben einen Akzent, wenn das Hauptwort nicht genannt ist:
→ Pero no en **ésta**, sino en **aquélla** de allá lejos. (Aber nicht in diesem, sondern in dem dort hinten.)

Die sächlichen Formen *esto/eso/aquello* beziehen sich nicht auf ein einzelnes Hauptwort, sondern auf einen ganzen Satz oder auf einen Sachverhalt; sie haben nie einen Akzent:
→ **Esto** lo puedo arreglar yo solo. (Das kann ich allein regeln.)

Zwischen den hinweisenden Fürwörtern und den Ortsadverbien gibt es die folgenden Entsprechungen:
→ este → aquí / acá (hier)
→ ese → ahí (da)
→ aquel → allí / allá (dort)

GRAMÁTICA

DIE GEGENWARTSFORMEN DES *SUBJUNTIVO*

	hablar	comer	vivir
(yo)	hable	coma	viva
(tú)	hables	comas	vivas
(él/ella/usted)	hable	coma	viva
(nosotros/nosotras)	hablemos	comamos	vivamos
(vosotros/vosotras)	habléis	comáis	viváis
(ellos/ellas/ustedes)	hablen	coman	vivan

Bei den Verbgruppen mit den Veränderungen *e > ie* und *o > ue* gelten die gleichen Regeln wie für die Gegenwart des Indikativs:
→ **Vue**lva a preguntar mañana. (Fragen Sie morgen noch einmal.)
→ Volvamos a preguntar mañana. (Fragen wir morgen noch einmal.)
Bei fast allen anderen Verben wird der Stamm der ersten Person Einzahl der Gegenwart des Indikativs in alle Personen der Gegenwart des *subjuntivo* übernommen:

Indikativ		*subjuntivo*
yo di**g**o	→	di**g**a, di**g**as, di**g**a, di**g**amos, di**g**áis, di**g**an
yo ha**g**o	→	ha**g**a, ha**g**as, ha**g**a, ha**g**amos, ha**g**áis, ha**g**an

DAS EINFACHE PERFEKT

	hablar	comer	vivir
(yo)	hablé	comí	viví
(tú)	hablaste	comiste	viviste
(él/ella/usted)	habló	comió	vivió
(nosotros/nosotras)	hablamos	comimos	vivimos
(vosotros/vosotras)	hablasteis	comisteis	vivisteis
(ellos/ellas/ustedes)	hablaron	comieron	vivieron

EJERCICIOS
Ejercicios escritos

1. Setzen Sie die richtige Perfektform (einfach oder zusammengesetzt) des in Klammern angegebenen Verbs ein:

a. Esta mañana ... (yo / levantarse) temprano.
b. Ayer ... (él / levantarse) temprano.
c. Este mes Carlos ... (estudiar) mucho.
d. El mes pasado Carlos ... (estudiar) mucho.
e. Mi hija ... (nacer) en 1993.
f. Hoy ... (ellos / ir) a Madrid.

2. Ersetzen Sie den Satz durch eine Befehlsform und das passende Fürwort wie in diesem Beispiel:

a. No debes escribir la carta.
   ¡No la escribas!
b. Debes coger el tren.
c. Debéis leer los libros.
d. No debe beber la cerveza.
e. Debemos visitar la ciudad.
f. No deben fumar cigarrillos.

3. Füllen Sie die Lücken mit einem passenden Verhältniswort:

a. Pepe no está ... este momento ... casa.
b. Está ... casa ... sus padres.
c. Eso es mucho trabajo ... ti.
d. Os esperamos ... las nueve.
e. Manolo, te presento ... mi tía Lola.
f. Estoy aquí ... vacaciones.

4. Übersetzen Sie ins Spanische:

a. Er hat es wieder gemacht.
b. Ich habe sie gerade gesehen.
c. Das Haus dort hinten ist sehr schön.
d. Gestern kaufte ich eine Fahrkarte nach Madrid.
e. Geben Sie mir den Koffer!
f. Steig noch nicht ein!
g. Normalerweise stehe ich um 7 Uhr auf.

Ejercicios orales

1. Hören Sie sich die zehn Befehlsformen auf der CD an. Auf welche Person beziehen sie sich? Sind sie bejaht oder verneint? Schreiben Sie dann die Nummern der Sätze an die richtige Stelle, wie wir es für den ersten Satz gemacht haben.

	bejaht	verneint
2. Person Einzahl:	❑	❑
3. Person Einzahl:	❑	❑
1. Person Mehrzahl:	❑	❑
2. Person Mehrzahl:	❑	❑
3. Person Mehrzahl:	❑	❑

2. Sehen Sie sich den Stadtplan an und hören Sie die fünf Dialoge. Wo sind die verschiedenen Gebäude und Geschäfte? Schreiben Sie sie an den richtigen Platz, wie wir es für den ersten Dialog gemacht haben.

a. el Hotel Emperador
b. la catedral
c. una panadería
d. un supermercado
e. el Colegio del Carmen

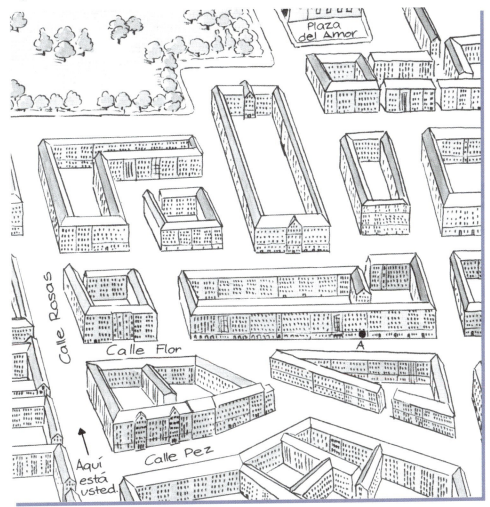

3. Arbeiten Sie nun die mündlichen Übungen auf der CD durch.

Un billete para Madrid, por favor — **LECCIÓN 8**

VOCABULARIO

Informationen einholen

¿Me puede decir, por favor, a qué hora salen los trenes para Madrid?
¿En qué andén hay que cogerlo?

¿Me puede decir, por favor, dónde está la calle de los Herreros?

Können Sie mir bitte sagen, um wie viel Uhr die Züge nach Madrid fahren?
An welchem Bahnsteig muss man einsteigen?
Können Sie mir bitte sagen, wo die Calle de los Herreros ist?

Anweisungen geben

Déme dos billetes de ida y vuelta.
No subas todavía.

Geben Sie mir zwei Rückfahrkarten.
Steig noch nicht ein.

Raum einteilen

en ese estanco de ahí enfrente
no en ésta, sino en aquélla de allá lejos

in diesem Tabakladen da gegenüber
nicht in diesem, sondern in dem dort hinten

Richtungsangaben

a la derecha
a la izquierda
enfrente
al lado de
allá lejos
Coja usted a la izquierda.
Tome la primera calle a la derecha.
Cruce la plazoleta.

rechts
links
gegenüber
neben
dort hinten
Gehen Sie nach links.
Nehmen Sie die erste Straße rechts.
Überqueren Sie den kleinen Platz.

Andere Richtungsangaben

arriba	oben
abajo	unten
todo seguido	geradeaus
detrás de	hinter
delante de	vor
girar	abbiegen
torcer (o > ue)	abbiegen
subir	hinaufgehen
bajar	hinuntergehen

Andere Wendungen

El AVE suele salir por el andén 5.	Normalerweise fährt der AVE vom Bahnsteig 5 ab.
ponerse nervioso	nervös werden
¡Allá tú!	Das ist deine Sache!
Volveré a preguntar.	Ich werde noch einmal fragen.
Un señor me acaba de decir …	Ein Herr hat mir gerade gesagt …

Am Bahnhof

el tren	Zug
salir / llegar	abfahren / ankommen
el tren directo	Direktzug
hacer transbordo	umsteigen
un billete de ida	eine Fahrkarte einfach
un billete de ida y vuelta	eine Rückfahrkarte
el compartimento	Abteil
en primera / clase preferente	erster Klasse
en segunda / clase turista	zweiter Klasse
el andén	Bahnsteig
la vía	Gleis
la ventanilla	Schalter
subir / bajar	ein- / aussteigen
el vagón	Waggon
perder el tren	den Zug verpassen
el revisor	Schaffner

4/6

Hören Sie sich die folgenden Ordnungszahlen auf der CD an und achten Sie genau auf die Aussprache.

1.	primero	11.	décimo primero
2.	segundo	12.	décimo segundo
3.	tercero	13.	décimo tercero
4.	cuarto	20.	vigésimo
5.	quinto	23.	vigésimo tercero
6.	sexto	30.	trigésimo
7.	séptimo	34.	trigésimo cuarto
8.	octavo		
9.	noveno		
10.	décimo		

CONVERSACIÓN 4/7

Hören Sie sich nun die Anweisungen an und nehmen Sie wieder an der Unterhaltung teil.

Ayer fuimos a Toledo — LECCIÓN 9

DIÁLOGO 25 4/8

Frau Carrasco (●) unterhält sich mit einer Kollegin (▲) über einen Ausflug nach Toledo.

▲ Me ha dicho Jorge que ayer estuvisteis en Toledo.
● Sí, ayer fuimos a Toledo y realmente valió la pena. ¡Qué ciudad más bonita!
▲ Yo estuve allí hace dos años y lo que más me gustó fue la catedral.
● Bueno, la catedral es hermosísima, pero las sinagogas me parecieron más interesantes que los otros monumentos.
▲ Sí, claro, desde el punto de vista histórico tienen una gran importancia, pero sigo pensando que la catedral no tiene menos valor que las sinagogas.
● Sí, puede ser, cada uno tiene un gusto distinto y eso además volví a comprobarlo ayer.
▲ ¿Cómo es eso?
● Cuando se viaja con toda la familia siempre es un poco difícil contentar a todos. A mis hijos les interesan más los escaparates de las tiendas que los monumentos, y si es mi marido …
▲ ¿Qué le pasa a tu marido?
● Mi marido se cansa en seguida de andar y como en Toledo sólo hay cuestas y calles empinadas, pues se llevó todo el día protestando.

▲ Jorge hat mir gesagt, dass ihr gestern in Toledo wart.
● Ja, gestern sind wir nach Toledo gefahren, [und] es hat sich wirklich gelohnt. Was für eine schöne Stadt!
▲ Ich war dort vor zwei Jahren, am besten hat mir der Dom gefallen [und der Dom war das, was mir am besten gefallen hat].
● Na ja, der Dom ist wunderschön, aber die Synagogen fand ich [schienen mir] interessanter als die anderen Sehenswürdigkeiten.

▲ Ja selbstverständlich, historisch gesehen haben sie eine große Bedeutung, aber ich denke immer noch, dass der Dom nicht weniger künstlerisch wertvoll ist [nicht weniger Wert hat] als die Synagogen.
● Ja, kann sein, jeder hat einen anderen Geschmack, und das stellte ich gestern wieder fest.
▲ Wieso?
● Wenn man mit der ganzen Familie fährt, ist es immer ein bisschen schwierig, jeden [alle] zufrieden zu stellen. Meine Kinder interessieren sich mehr für die Schaufenster der Geschäfte als für die Bauwerke, und was meinen Mann betrifft …
▲ Was ist mit deinem Mann?
● Das Herumlaufen macht meinen Mann sofort müde, und da es in Toledo nur Steigungen und steile Straßen gibt, jammerte er [folglich] den ganzen Tag.

Übungsdialoge 4/9

a. Hören Sie das Beispiel auf der CD und sagen Sie dann, was die folgenden Personen gestern gemacht haben. Benutzen Sie die Angaben in Ihrer Antwort:

■ ¿Adónde fuisteis ayer?
◆ Ayer fuimos a Toledo.

1. nosotros / ir a Toledo
2. yo / estar en casa de Mónica
3. mi marido / comer en casa de sus padres
4. Manolo y Concha / volver a las 11 de la noche
5. mi hijo y yo / comprar muchas cosas

b. Hören Sie das Beispiel und reagieren Sie auf die Bemerkungen Ihres Gesprächspartners mit den Angaben:

■ La catedral es muy bonita.
◆ Sí, pero la sinagoga es más bonita que la catedral.

1. sinagoga / bonita
2. Antonio / guapo
3. Nuria / alta
4. mis hijos / inteligentes
5. mi piso / caro

¿ Información

Toledo liegt in Zentralspanien, südlich von Madrid, und gehört zur *Comunidad Autónoma Castilla – La Mancha*. Es ist eine der ältesten Städte der Iberischen Halbinsel. Toledos Sehenswürdigkeiten und Straßen spiegeln die Geschichte Spaniens wider. Römer, Westgoten, Muselmanen, Juden und Christen hinterließen ihre Spuren, die der Besucher heute noch bewundern kann: die Reste des römischen Circus, die maurische Stadtmauer mit den verschiedenen Toren, die Synagogen *Santa María la Blanca* und *El Tránsito*, der Dom, die Kirche *San Juan de los Reyes*, der *Alcázar*, …

Das einfache Perfekt *(el indefinido)*

Die Handlung dieses Dialogs hat innerhalb eines abgeschlossenen Zeitraums (*ayer, hace dos años, …*) stattgefunden; deshalb wurde das einfache Perfekt benutzt:
→ Ayer estuvisteis en Toledo. (Gestern wart ihr in Toledo.)
→ Yo estuve allí hace dos años. (Ich war dort vor zwei Jahren.)

Die folgenden Verben haben unregelmäßige Perfektformen (siehe **Gramática**):
andar, dar, conducir, decir, dormir, estar, hacer, ir, pedir, poder, poner, querer, saber, sentir, ser, tener, traer und *venir*.

Die Verben *ir* und *ser* haben identische Perfekt-Formen:
→ Ayer **fue** a Toledo. (Gestern fuhr er nach Toledo.)
→ Lo que más me gustó **fue** la catedral. (Was mir am besten gefallen hat, war der Dom.)

Zeitangaben: „vor" und „seit"

„Vor" entspricht im Spanischen *antes de*, wenn ein **Zeitpunkt** bezeichnet wird, vor dem etwas geschieht:
→ Nos veremos **antes de** las ocho. (Wir werden uns vor acht Uhr sehen.)
→ Nos veremos **antes del** almuerzo. (Wir werden uns vor dem Mittagessen sehen.)

Wenn man ausdrücken will, wie lange etwas her ist, wird „vor" durch *hace* + Angabe eines **Zeitraums** übersetzt:
→ Yo estuve allí **hace** dos años. (Ich war dort vor zwei Jahren.)

Oder durch *hace* + Zeitangabe + *que* + Verb in der Vergangenheit:
→ **Hace** dos años **que** estuve allí.

„Seit" entspricht *desde*, wenn der Beginn der Handlung als **Zeitpunkt** angegeben wird:
→ Vivo en Toledo **desde** marzo. (Ich wohne seit März in Toledo.)
→ Te estoy esperando **desde** las siete. (Ich warte auf dich seit sieben Uhr.)

Wenn man ausdrücken will, wie lange etwas schon geschieht, wird „seit" durch *desde hace* + Angabe eines **Zeitraums** wiedergegeben:
→ Vivo en Toledo **desde hace** dos años. (Ich wohne seit zwei Jahren in Toledo.)

Oder durch *hace* + Zeitangabe + *que* + Verb in der Gegenwart:
→ **Hace** dos años **que** vivo en Toledo.

Durch das Verb *llevar* + Zeitangabe kann man ebenfalls ausdrücken, wie lange eine Handlung bereits andauert:
→ **Llevo** dos años viviendo en Toledo. (Ich wohne seit zwei Jahren in Toledo.)
→ **Lleva** una semana enferma. (Sie ist seit einer Woche krank.)

DIÁLOGO 26 4/10

In Toledo gehen Frau Carrasco (▲) und ihr Sohn (●) in ein Geschäft (■), um ein T-Shirt zu kaufen.

● ¡Mira, mamá! Ahí venden unas camisetas chulísimas.
▲ Niño, no hemos venido a Toledo de compras.
● Pero mami, siempre que se visita una ciudad, uno se compra algo de recuerdo y …
▲ Sí, una guía de la ciudad o un libro sobre algún monumento, pero no una camiseta de un grupo de moda.
● Anda, mami, sé buena. Además el jueves es mi cumpleaños.
▲ Bueno, está bien, pero rapidito que no tenemos mucho tiempo.
   (En la tienda)

▲ Por favor, ¿nos podría enseñar esa camiseta azul que tiene en el escaparate?
■ ¿Cuál? ¿La que vale 35 euros?
▲ No, la de la izquierda, la que vale 25 euros.
■ ¿Qué talla tiene usted?
▲ No es para mí, es para el niño.
■ Entonces la talla mediana le estará bien. De todas formas puede probársela. Allí al fondo están los probadores.
▲ Sí, será mejor. No vivimos en Toledo y sería un poco difícil descambiarla.
   (Después de probársela …)
■ ¿Le queda bien?
▲ Sí, nos la llevamos. Aquí tiene usted.
   (Le da a la dependienta un billete de 50 euros)
■ Muy bien. Aquí tiene usted la vuelta y su camiseta. Adiós y muchas gracias.
▲ Adiós, señorita.

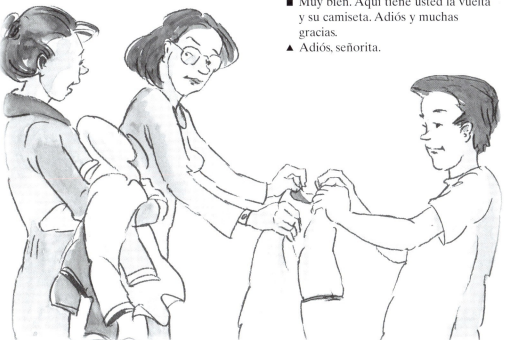

- Schau mal, Mama! Da verkaufen sie starke T-Shirts.
▲ Du, wir sind nicht nach Toledo gekommen, um einzukaufen.
- Aber Mutti, immer wenn man eine Stadt besucht, kauft man sich doch ein Reiseandenken und …
▲ Ja, einen Reiseführer der Stadt oder ein Buch über ein Bauwerk, aber kein T-Shirt mit einer Modeband darauf.
- Komm Mutti, sei lieb zu mir. Außerdem habe ich am Donnerstag Geburtstag.
▲ Ist ja schon gut, aber ganz schnell, wir haben nicht viel Zeit.
(Im Geschäft)
▲ Bitte schön, könnten Sie uns dieses blaue T-Shirt zeigen, das Sie im Schaufenster haben?
■ Welches? Das für 35 Euro [Das, was 35 Euro kostet]?
▲ Nein, das linke, das 25 Euro kostet.
■ Welche Größe haben Sie?
▲ Es ist nicht für mich, es ist für den Jungen.
■ Dann wird ihm [die mittlere Größe] Medium passen. Für alle Fälle kann er es anprobieren. Dort hinten sind die Umkleidekabinen.
▲ Ja, das ist doch besser. Wir wohnen nicht in Toledo und es wäre ein bisschen schwierig, es umzutauschen.
(Nachdem er es anprobiert hat …)
■ Passt es ihm?
▲ Ja, wir nehmen es. Bitte schön. (Sie gibt der Verkäuferin einen 50-Euro-Schein.)
■ Hier ist Ihr Wechselgeld und Ihr T-Shirt. Auf Wiedersehen und vielen Dank.
▲ Auf Wiedersehen, [Fräulein].

Übungsdialog 4/11

Jetzt können Sie in Spanien einkaufen gehen. Bitte schauen Sie sich dazu die Angaben an und beachten Sie Geschlecht und Zahl der Wörter. Beispieldialog:

■ Por favor, ¿me podría enseñar esos pantalones que tiene en el escaparate?
◆ ¿Cuáles? ¿Los que valen 50 euros?
■ No, los que valen 45 euros.

1. esos pantalones (Hose) / 45 euros
2. esa chaqueta (Jacke) / 170 euros
3. esa camisa (Hemd) / 40 euros
4. esa falda (Rock) / 79 euros
5. ese vestido (Kleid) / 98 euros
6. esos zapatos (Schuhe) / 67 euros

Unpersönliche Sätze mit *uno*

In Verbindung mit reflexiven Verben (*levantarse, comprarse, …*) kann *se* (man) nicht benutzt werden, wenn man einen unpersönlichen Satz bilden will. In diesem Fall wird es durch *uno* ersetzt:
→ **Uno** se compra un recuerdo. (Man kauft sich ein Reiseandenken.)
→ Los domingos **uno** no se levanta antes de las 9. (Am Sonntag steht man nicht vor 9 Uhr auf.)

Verkürzung einiger Eigenschafts- und Zahlwörter

Wenn *bueno, malo, alguno, ninguno, primero* und *tercero* vor einem männlichen Hauptwort in der Einzahl stehen, verlieren sie das *-o* am Wortende:
- → un **buen** libro (ein gutes Buch)
- → **ningún** regalo (kein Geschenk)
- → el **tercer** hombre (der dritte Mann)
- → un **mal** almuerzo (ein schlechtes Mittagessen)

Die weibliche Form sowie die Mehrzahlformen werden nicht verkürzt:
- → una mal**a** persona (ein schlechter Mensch)
- → algun**as** amigas (einige Freundinnen)
- → los primer**os** invitados (die ersten Gäste)

Fragewörter II: „welche/er/es"?

Zwei spanische Fragewörter entsprechen „welche/er/es": *cuál/cuáles* und *qué*.
Cuál/cuáles wird benutzt, wenn es allein steht:
- → ¿Cuáles? (Welche?)

Cuál/cuáles wird außerdem benutzt, wenn es vor einem Verb steht oder wenn eine begrenzte Wahlmöglichkeit ausgedrückt werden soll:
- → ¿Cuál tomamos? (Welches nehmen wir?)
- → ¿Cuál de los dos te gusta más? (Welches von den beiden gefällt dir besser?)

Qué steht immer vor einem Hauptwort:
- → ¿Qué talla desea usted? (Welche Größe wünschen Sie?)
- → ¿Qué camiseta quieres? (Welches T-Shirt willst du?)

Wörtliche Bedeutungen

- → *Chulo* (wörtlich: eingebildet) heißt in der Jugend- und Umgangssprache „stark" oder „toll".
- → *Niño* (wörtlich: Kind) drückt hier aus, dass man mit der Äußerung des Gesprächspartners nicht einverstanden ist.

¿ Información

Señorita wird im Spanischen viel öfter benutzt als „Fräulein" im Deutschen. Beispielsweise werden *las dependientas* (die Verkäuferinnen) in den Kaufhäusern so angesprochen, ganz gleich ob sie ledig oder verheiratet sind. Im Kindergarten und in der Grundschule werden auch die Erzieherinnen und Lehrerinnen von den Kindern so genannt, egal wie alt sie sind …

DIÁLOGO 27   4/12

Einen Tag nach dem Ausflug nach Toledo fühlt sich Herr Sánchez (▲) nicht gut und geht zum Arzt (●).

- ▲ Buenos días, doctor.
- ● Buenos días. Vamos a ver, señor Sánchez, ¿qué le pasa a usted?
- ▲ Me encuentro muy mal, me duele todo el cuerpo, sobre todo las piernas.
- ● ¿Tiene usted fiebre?
- ▲ No, no tengo fiebre, pero me encuentro muy débil y cualquier movimiento me cansa.
- ● Bueno, pase usted por aquí.
 (El doctor lo reconoce exhaustivamente.)
 Señor Sánchez, yo no encuentro nada. Usted no tiene nada ni de oído ni de garganta. Los pulmones y el estómago también están bien. ¿Ha hecho quizás últimamente algún esfuerzo fuera de lo acostumbrado?
- ▲ Bueno, ayer estuve con mi familia en Toledo y anduve muchísimo porque mi mujer nos llevó a todos los monumentos …
- ● ¡Ay, señor Sánchez! Yo creo que lo que usted tiene son simplemente agujetas.
- ▲ ¿Agujetas? Pero si yo me encuentro muy mal y …
- ● ¿Anda usted con frecuencia?
- ▲ No, la verdad es que casi siempre voy a todos lados en coche.
- ● ¿Practica usted algún tipo de deporte?
- ▲ Pues no, con el trabajo y la familia no tengo tiempo para esas cosas.
- ● Pues debería usted tenerlo y cuidar un poco más su forma física. Así resistiría mejor la próxima «excursión cultural» de su mujer.

▲ Guten Morgen, Herr Doktor.
● Guten Morgen. Also, Herr Sánchez, was fehlt Ihnen denn?
▲ Ich fühle mich sehr schlecht, mir tut der ganze Körper weh, besonders die Beine.
● Haben Sie Fieber?
▲ Nein, ich habe kein Fieber, aber ich fühle mich sehr schwach und jede Bewegung macht mich müde.
● Gut, hier entlang bitte.
(Der Arzt untersucht ihn gründlich.) Herr Sánchez, ich finde nichts. Ihre Ohren und Ihr Hals sind in Ordnung. [Ihnen fehlt weder etwas an den Ohren noch am Hals.] Die Lunge und der Magen sind auch O.K. Haben Sie sich vielleicht in der letzten Zeit überanstrengt [eine Anstrengung über das gewohnte Maß hinaus gemacht]?
▲ Na ja, gestern war ich mit meiner Familie in Toledo und lief viel herum, weil meine Frau uns zu jeder Sehenswürdigkeit schleppte [brachte] …
● Ah, Herr Sánchez! Ich glaube, dass Sie lediglich Muskelkater haben [was Sie haben, ist Muskelkater].
▲ Muskelkater? Aber ich fühle mich doch sehr schlecht und …
● Gehen Sie oft zu Fuß?
▲ Nein, eigentlich fahre ich fast immer überallhin mit dem Auto [die Wahrheit ist, dass …].
● Treiben Sie irgendeine Sportart?
▲ Nein, mit der Arbeit und der Familie habe ich keine Zeit für solche Dinge.
● Sie sollten sie aber haben und ein bisschen mehr auf Ihre Kondition achten. So würden Sie den nächsten „Kulturausflug" ihrer Frau besser überstehen.

Übungsdialoge 4/13

a. Hören Sie den Beispieldialog und sagen Sie, was diesen Personen fehlt:

▪ ¿Qué le pasa a María?
◆ A María le duele la cabeza.

1. María / la cabeza
2. Andrés y Lola / el oído
3. nosotros / el estómago

4. ellos / la barriga (Bauch)
5. mi abuela / los pies (Füße)

b. Sagen Sie nun, dass die folgenden Personen weder das eine noch das andere haben. Hören Sie sich vorher das Beispiel für die erste Antwort auf der CD an:

▪ Usted tiene una camisa blanca y otra negra, ¿verdad?
◆ No, yo no tengo ni una camisa blanca ni una negra.

1. yo / una camisa blanca (weiß) y una negra (schwarz)
2. Don Pedro / un coche azul (blau) y uno rojo (rot)
3. Mercedes / unos pantalones amarillos (gelb) y unos verdes (grün)
4. ellos / una chaqueta marrón (braun) y una gris (grau)
5. nosotros / unos zapatos naranja (orange) y unos lila (lila)

Doler / tener dolor de

Doler gehört zur Verbgruppe mit der Veränderung *o > ue* und wird wie das Verb *gustar* verwendet:
→ A mí me duel**e la** cabeza. (Mir tut der Kopf weh.)
→ A mí me duel**en las** piernas. (Mir tun die Beine weh.)

Dasselbe kann auch durch *tener dolor de* ausgedrückt werden:
→ Tengo dolor de cabeza. (Ich habe Kopfschmerzen.)
→ Tengo dolor de estómago. (Ich habe Magenschmerzen.)

Beachten Sie, dass das Hauptwort *dolor* in diesen Wendungen normalerweise in der Einzahl benutzt wird.

Ni … ni

entspricht dem deutschen „weder … noch":
→ Usted no tiene nada **ni** de oído **ni** de garganta. (Wörtlich: Sie haben weder etwas an den Ohren noch am Hals.)

Ni ist auch ein Bindewort, mit dem an eine Verneinung weitere Verneinungen angeschlossen werden:
→ No sé qué pasa **ni** me interesa. (Ich weiß nicht, was los ist, und es interessiert mich auch nicht.)

Doctor Juan José Gómez

Médico naturista

Horas de consulta:
lunes, miércoles y viernes:
de 9 a 13 horas
martes y jueves: de 17 a 20 horas

Lo que …

Lo que + Verb am Anfang eines Satzes hat oft eine hervorhebende Funktion:
→ Lo que usted tiene son simplemente agujetas. (Sie haben lediglich Muskelkater.)

Información

La Seguridad Social (1966 gegründet) wacht über das gesundheitliche Wohlbefinden der Spanier. Jeder Spanier hat die gleiche gesetzliche Krankenversicherung, aber man kann eine zusätzliche private abschließen, die bessere Leistungen anbietet. Es gibt einen großen Unterschied zwischen der spanischen und der deutschen Krankenversicherung: In der Regel darf man in Spanien den Arzt nicht selbst auswählen; man muss zu einem bestimmten Arzt gehen, der für die *Seguridad Social* arbeitet. Diese Ärzte müssen oft innerhalb von zwei Stunden bis zu 100 Patienten behandeln, was eine allgemeine Unzufriedenheit mit sich bringt.

GRAMÁTICA

UNREGELMÄSSIGE FORMEN DES EINFACHEN PERFEKTS

andar	estar	tener	venir	saber
anduve	estuve	tuve	vine	supe
anduviste	estuviste	tuviste	viniste	supiste
anduvo	estuvo	tuvo	vino	supo
anduvimos	estuvimos	tuvimos	vinimos	supimos
anduvisteis	estuvisteis	tuvisteis	vinisteis	supisteis
anduvieron	estuvieron	tuvieron	vinieron	supieron

conducir	decir	traer	hacer	ir/ser	dar
conduje	dije	traje	hice	fui	di
condujiste	dijiste	trajiste	hiciste	fuiste	diste
condujo	dijo	trajo	hizo	fue	dio
condujimos	dijimos	trajimos	hicimos	fuimos	dimos
condujisteis	dijisteis	trajisteis	hicisteis	fuisteis	disteis
condujeron	dijeron	trajeron	hicieron	fueron	dieron

poder	poner	querer	dormir	pedir	sentir
pude	puse	quise	dormí	pedí	sentí
pudiste	pusiste	quisiste	dormiste	pediste	sentiste
pudo	puso	quiso	durmió	pidió	sintió
pudimos	pusimos	quisimos	dormimos	pedimos	sentimos
pudisteis	pusisteis	quisisteis	dormisteis	pedisteis	sentisteis
pudieron	pusieron	quisieron	durmieron	pidieron	sintieron

VERGLEICH UND STEIGERUNG I

Comparativo de igualdad (Gleichheit)

tan + Eigenschaftswort + *como*
→ Esta película es **tan** buena **como** la otra. (Dieser Film ist so gut wie der andere.)

tan + Umstandswort + *como*
→ María trabaja **tan** bien **como** yo. (María arbeitet so gut wie ich.)

Verb + *tanto como*
→ Manuel come **tanto como** Juan. (Manuel isst so viel wie Juan.)

Verb + *tan poco como*
→ Manuel trabaja **tan poco como** Juan. (Manuel arbeitet so wenig wie Juan.)

tanto/-a/-os/-as + (Hauptwort) + *como*
→ Paco no tiene **tantos** (libros) **como** tú. (Paco hat nicht so viele [Bücher] wie du.)

tan poco/-a/-os/-as + (Hauptwort) + *como*
→ Nadie tiene **tan pocos** (amigos) **como** Jaime. (Niemand hat so wenige [Freunde] wie Jaime.)

igual que
→ Lo hago **igual que** tú. (Ich mache es genauso wie du.)

lo mismo que
→ Bebo **lo mismo que** tú. (Ich trinke dasselbe wie du.)

el/la/los/las mismo/-a/-os/-as + (Hauptwort) + *que*
→ Tiene **la misma** (falda) **que** tú. (Sie hat den gleichen [Rock] wie du.)

Comparativo de superioridad y de inferioridad (Steigerung)

más/menos + Eigenschaftswort + *que*
→ Andrea es **más** inteligente **que** Andrés. (Andrea ist intelligenter als Andrés.)
→ Este libro es **menos** interesante **que** el otro. (Dieses Buch ist weniger interessant als das andere.)

Verb + *más/menos* + Hauptwort + *que*
→ Tengo **más** amigos **que** tú. (Ich habe mehr Freunde als du.)
→ Tengo **menos** dinero **que** tú. (Ich habe weniger Geld als du.)

más/menos que
→ Mi hijo lee **más que** el tuyo. (Mein Sohn liest mehr als deiner.)
→ Yo duermo **menos que** mi marido. (Ich schlafe weniger als mein Mann.)

mas/menos + Zahl/Menge + *de*
→ Ayer vinieron **más de** treinta personas. (Gestern kamen mehr als dreißig Leute.)
→ Ya ha gastado **más de** la mitad. (Er hat schon mehr als die Hälfte ausgegeben.)

EJERCICIOS

Ejercicios escritos

1. Füllen Sie die Lücken mit dem passenden Wort:

a. Mis abuelos estuvieron … tres años en Toledo.
b. Las sinagogas son más interesantes … el Alcázar.
c. A mis hijos no … interesa la historia … como a mí.
d. ¿… talla tiene usted?
e. Siempre que (Immer wenn) … visita una ciudad, … se compra algo de recuerdo.

2. Setzen Sie die richtige Form des einfachen Perfekts ein:

a. Ayer ... (yo / estar) con mi familia en Toledo.
b. La semana pasada ... (nosotros / andar) muchísimo.
c. El mes pasado Eva me ... (decir) la verdad.
d. Mis padres no ... (querer) venir.
e. Ayer no ... (vosotros / poder) hacerlo.
f. Aquel día no ... (tú / hacer) nada.

3. Setzen Sie die richtige Form der in Klammern angegebenen Wörter ein:

a. Es la ... (tercero) vez que voy a España.
b. Fue el ... (primero) amigo que tuve en el colegio.
c. Antonio es realmente un ... (bueno) hombre.
d. Últimamente (In letzter Zeit) siempre hace ... (malo) tiempo.
e. Los ... (bueno) amigos no se pueden pagar con dinero.
f. En esta biblioteca no hay ... (ninguno) libro interesante.

4. Ergänzen Sie diese Sätze mit einem passenden Verhältniswort:

a. Vivo en Toledo ... marzo.
b. ... mí mi familia no me escribe nunca.
c. ¿Vamos ... un bar antes de ir a casa?
d. ¿Qué van ... tomar los señores?
e. Me trae ... beber una copa de vino.

Ejercicios orales  4/14-17

1. Frau Mendoza geht in ein Modegeschäft und stellt Fragen zu den Kleidern, die sie kaufen will. Welcher Dialog bezieht sich auf welchen Gegenstand? Schreiben Sie die richtige Dialognummer in die Kästchen.

❏ una blusa   ❏ un pijama
❏ un jersey   ❏ unos calcetines
❏ un abrigo   ❏ una corbata

2. Nun hören Sie einen Dialog, in dem viele Farben vorkommen. Verbinden Sie mit Pfeilen den Gegenstand und die Farbe, die er hat.

coche   rojo
casa   azul
vestido   amarillo
libro   negro
lámpara   blanco
puerta   verde

3. Auf der CD hören Sie zehn Sätze. Entscheiden Sie, welche der darin vorkommenden Verben eine regelmäßige und welche eine unregelmäßige Perfektform (einfaches Perfekt) haben.

Regelmäßig: _____
Unregelmäßig: 1,_____

4. Arbeiten Sie nun die mündlichen Übungen auf der CD durch.

VOCABULARIO

Vergleiche

Es más interesante que …	Es ist interessanter als …
No tiene menos valor que …	Es hat nicht weniger Wert als …
Le interesa el arte tanto como a mí.	Ihn interessiert Kunst so sehr wie mich.

Zeitangaben

Yo estuve allí hace dos años.	Ich war dort vor zwei Jahren.
Vivo en Toledo desde marzo.	Ich wohne seit März in Toledo.
Vivo en Toledo desde hace dos años.	Ich wohne seit zwei Jahren in Toledo.
Llevo dos años viviendo en Toledo.	Ich wohne seit zwei Jahren in Toledo.

In einem Geschäft

vender	verkaufen
comprar	kaufen
ir de compras	einkaufen (bummeln) gehen
ir a la compra	Einkäufe machen
la dependienta	Verkäuferin
el cliente	Kunde
la oferta	Sonderangebot
la rebaja	Rabatt, Nachlass
Por favor, ¿nos podría enseñar esa camiseta azul?	Könnten Sie uns bitte dieses blaue T-Shirt zeigen?
¿Qué talla tiene usted?	Welche Größe haben Sie?
La que vale 25 euros.	Das für 25 Euro.
el escaparate	Schaufenster
el probador	Umkleidekabine
probarse	anprobieren
cambiar / descambiar	umtauschen
estar bien / quedar bien	passen / gut stehen
el billete	Geldschein
dar la vuelta	herausgeben / zurückgeben

Die Kleidung

la ropa	Kleidung
la moda	Mode
la camiseta	T-Shirt / Unterhemd
la camisa	Hemd
los pantalones	Hose
los calzoncillos	Unterhose
las bragas	Slip, Schlüpfer
el bañador	Badehose
la chaqueta	Jacke
el jersey	Pullover
la corbata	Krawatte
los calcetines	Socken
los zapatos	Schuhe
las botas	Stiefel
el vestido	Kleid
la falda	Rock
la blusa	Bluse
el abrigo	Mantel
el pijama	Schlafanzug

Die Farben

azul	blau
verde	grün
rojo	rot
amarillo	gelb
blanco	weiß
negro	schwarz
marrón	braun
gris	grau
naranja	orange
lila	lila

Beim Arzt

el médico	Arzt
¿Qué le pasa a usted?	Was fehlt Ihnen?
doler	weh tun
tener dolor de	Schmerzen haben
la fiebre	Fieber
reconocer	untersuchen
el oído	(inneres) Ohr / Gehör
la oreja	(äußeres) Ohr
la garganta	Hals
los pulmones	Lungen
el estómago	Magen
la barriga	Bauch
la pierna	Bein
el pie	Fuß
agujetas	Muskelkater
la forma física	Kondition

 4/18

Hören Sie sich nun die folgenden zusätzlichen Ausdrücke an und achten Sie genau auf die Aussprache.

ponerse enfermo	krank werden
la consulta	Praxis
¿Cuándo tiene ese doctor consulta?	Wann hat dieser Arzt Sprechstunde?
pedir número / hora	einen Termin ausmachen
la receta / la farmacia	Rezept / Apotheke
la espalda	Rücken
el brazo / el músculo	Arm / Muskel
el ojo / la nariz / la boca	Auge / Nase / Mund
el corazón	Herz

CONVERSACIÓN 4/19

Bitte hören Sie sich nun die Anweisungen an und nehmen Sie an der Unterhaltung teil.

Cuando era pequeña ... — **LECCIÓN 10**

DIÁLOGO 28 4/20

Ein Journalist (●) einer Lokalzeitung interviewt Frau Antonia López (▲), die neulich 95 geworden ist.

- ● Bueno, doña Antonia, ¿dónde vivía usted cuando era pequeña?
- ▲ Pues yo vivía con mis padres y mis hermanos en Hinojales, un pueblecito de la sierra de Huelva.
- ● ¿Tiene usted muchos hermanos?
- ▲ Tenía, hijo, tenía. Yo era la menor de ocho hermanos, pero ya se han muerto todos.
- ● ¿Y qué hacía usted un día normal?
- ▲ ¡Huy! De eso hace ya mucho tiempo. Pues me levantaba muy temprano, ayudaba a mi madre en el corral y en la casa y después me iba al colegio. (Doña Antonia se ríe) Bueno, no siempre iba al colegio …
- ● ¿Por qué no?
- ▲ A mí el colegio no me gustaba mucho y a veces, en lugar de ir al colegio, me iba al abrevadero a ver beber a los burros. Me parecía mucho más interesante.
- ● ¿Y sus padres no lo sabían?
- ▲ Bueno, un día mi padre se enteró y me dio una paliza enorme, pero a mí se me olvidó rápido y muy pronto volví a las andadas.
- ● Vamos a ver, doña Antonia, usted se vino muy joven a vivir a Huelva capital, ¿no?
- ▲ Sí, yo tenía doce o trece años cuando me vine a vivir aquí a casa de una hermana. Al principio me pasaba las noches llorando y pensando en mi madre, pero después, con el tiempo, ya no quería volver al pueblo.
- ● ¿Cree usted que la vida de la mujer ha cambiado mucho desde entonces?
- ▲ Pues claro, hombre, ¡vaya pregunta! Antes la mujer tenía que estar en casa y dedicarse a su marido y a sus hijos. El marido era como una especie de dios al que había que obedecer. Ahora, si no te gusta tu marido, lo cambias por otro y … ¡a vivir que son dos días!

134 LECCIÓN 10 —— Cuando era pequeña …

- Also, Frau López [Frau Antonia], wo wohnten Sie denn, als Sie klein waren?
▲ Ich wohnte mit meinen Eltern und Geschwistern in Hinojales, einem Dorf im Gebirge von Huelva.
- Haben Sie viele Geschwister?
▲ Hatte, guter Mann, hatte. Ich war die jüngste von acht Geschwistern, aber alle sind schon gestorben.
- Und was machten Sie an einem normalen Tag?
▲ Ah! Es ist schon sehr lange her. Also, ich stand sehr früh auf, half meiner Mutter im Geflügelhof und im Haushalt und dann ging ich in die Schule. (Frau López lacht) Na ja, ich ging nicht immer in die Schule …
- Warum nicht?
▲ Mir gefiel die Schule nicht besonders und manchmal ging ich statt in die Schule zur Viehtränke, um den Eseln beim Trinken zuzuschauen [um die Esel trinken zu sehen]. Es schien mir viel interessanter.
- Wussten Ihre Eltern nichts davon?
▲ Na ja, eines Tages bekam es mein Vater mit und haute mich windelweich, aber ich vergaß es schnell und kurz darauf kehrte ich zu meinen alten Gewohnheiten zurück.
- Sagen Sie [Wir werden sehen], Frau López, Sie kamen ja sehr jung nach Huelva [Provinzhauptstadt], oder?
▲ Ja, ich war zwölf oder dreizehn Jahre alt, als ich herkam, um bei einer Schwester zu wohnen. Am Anfang habe ich jede Nacht geweint und dachte nur an meine Mutter, aber später, mit der Zeit, wollte ich nicht mehr ins Dorf zurück.
- Glauben Sie, dass sich das Leben der Frau seitdem sehr verändert hat?

▲ Selbstverständlich, was für eine Frage! Früher musste die Frau daheim bleiben und sich den Kindern und dem Ehe-mann widmen. Der Ehemann war eine Art Gott, dem man gehorchen musste. Jetzt, wenn du deinen Ehemann nicht mehr magst, kannst du ihn gegen einen anderen eintauschen und … hinein ins volle Leben!

Übungsdialog 4/21

Jetzt versetzen Sie sich in die Vergangenheit und sagen, wie alt Sie waren, als gewisse Dinge geschahen. Hören Sie vorher dem Beispieldialog auf der CD zu:

■ ¿Qué edad tenía cuando se vino a vivir a Huelva?
◆ Tenía doce años cuando me vine a vivir a Huelva.

1. 12 años / venirse a vivir a Huelva
2. 18 años / conocer a mi mujer
3. 20 años / ir la primera vez a Alemania
4. 23 años / conseguir mi primer trabajo
5. 25 años / morirse mi abuela
6. 28 años / casarse

Der Gebrauch des Imperfekts

Im Spanischen gibt es neben dem einfachen Perfekt eine andere einfache Form der Vergangenheit: das *imperfecto*. Die Endungen des Imperfekts sind bei den Verben auf *-er* und *-ir* gleich. Außerdem sind die Endungen der ersten und dritten Person Einzahl aller Verbgruppen identisch:
- ➔ yo / él habl**aba**
- ➔ yo / él hac**ía**
- ➔ yo / él viv**ía**

Nur die Verben *ser*, *ir* und *ver* sind unregelmäßig:
- ➔ Cuando **era** pequeña … (Als ich klein war …)

Das Imperfekt wird verwendet
für Handlungen, Zustände oder Vorgänge, die zeitlich nicht begrenzt sind:
- ➔ Yo vivía con mis padres y hermanos en Hinojales. (Ich wohnte mit meinen Eltern und Geschwistern in Hinojales.)

für Handlungen oder Situationen, die sich in der Vergangenheit gewohnheitsmäßig wiederholt haben:
- ➔ Me levantaba muy temprano. (Ich stand sehr früh auf.)

Imperfekt / einfaches Perfekt

Imperfekt
zeitlich nicht begrenzt
- ➔ Vivía en Hinojales. (Ich wohnte in Hinojales.)

Gewohnheit
- ➔ Ayudaba a mi madre. (Ich half meiner Mutter.)

Einfaches Perfekt
zeitlich abgeschlossen
- ➔ Viví **dos años** en Hinojales. (Ich wohnte zwei Jahre in Hinojales.)

einmalige Handlung
- ➔ **Un día** mi padre se enteró. (Eines Tages bekam es mein Vater mit.)

Eine Handlung ist im Gang (Imperfekt), wenn eine andere Handlung eintritt (einfaches Perfekt):
- ➔ Cuando **estaba** trabajando, **vino** mi padre. (Als ich arbeitete, kam mein Vater.)

Ir / irse

- ➔ No siempre **iba** al colegio.
- ➔ Después **me iba** al colegio.

Das reflexive Verb *irse* heißt sowohl „gehen" als auch „weggehen".

DIÁLOGO 29 4/22

Frau Antonia López (●) unterhält sich mit dem gleichaltrigen Herrn Eduardo Ponce (▲).

● ¿Por qué viene usted tan acalorado, don Eduardo?
▲ Porque ya no se puede andar por las calles con tanta gente y con tanto tráfico.
● ¿Pero qué le ha pasado a usted?
▲ ¡Pues que por poco me atropella un coche al atravesar una calle!
● ¿No estaba el semáforo en verde?
▲ Yo no he atravesado por un semáforo, sino por un paso de peatones.
● ¡Pero don Eduardo! Usted sabe que casi ningún coche para en los pasos de peatones.
▲ ¡Pero deberían parar! Estos tiempos, doña Antonia, no están hechos para mí. Me acuerdo de cuando se podía pasear tranquilamente por las calles y todo el mundo se conocía. Cuando pasaba un coche, lo mirábamos con admiración … pero ahora hay coches por todos lados.
● Pero usted no debe ver sólo la parte negativa del progreso. Para mí la vida actual tiene muchas ventajas y el poder ir en coche de un lado a otro es una de ellas.
▲ Sí, claro, es la forma más rápida de perder la vida.
● ¡No sea usted tan irónico!
▲ ¿Irónico? ¿No ha visto usted cómo van los coches por las carreteras y autopistas? Corren como locos y no respetan ni los límites de velocidad ni las señales de tráfico. Y lo peor es cuando te adelantan por la derecha …
● ¡No sea usted exagerado! Hay mucha gente que conduce con prudencia. A mí me encanta cuando mi yerno me lleva a dar una vuelta en coche por los alrededores. Usted sabe que no estoy muy bien de las piernas y así puedo verlo todo sin cansarme.
▲ ¡Ay, doña Antonia! Envidio su optimismo.

● Warum sind [kommen] Sie so abgehetzt, Herr Ponce [Herr Eduardo]?
▲ Weil man bei so vielen Leuten und so viel Verkehr nicht mehr durch die Straßen gehen kann.
● Aber was ist Ihnen denn passiert?
▲ Mich hat beinahe ein Auto überfahren, als ich eine Straße überquert habe!
● War die Ampel nicht grün?
▲ Ich habe sie nicht an einer Ampel überquert, sondern an einem Fußgängerüberweg.
● Aber Herr Ponce! Sie wissen ja, dass fast kein Auto an den Fußgängerüberwegen hält.
▲ Sie sollten aber! Diese Zeiten, Frau López, sind nichts für mich [sind nicht für mich gemacht]. Ich erinnere mich noch daran, als man durch die Straßen

Cuando era pequeña … —— **LECCIÓN 10**

gefahrlos spazieren konnte und alle sich kannten. Immer wenn ein Auto vorbeikam, schauten wir es mit Begeisterung an ... aber jetzt gibt es überall Autos.
- Aber Sie sollen nicht nur die negative Seite des Fortschritts sehen. Meiner Meinung nach hat das heutige Leben viele Vorteile und die Möglichkeit, mit dem Auto überallhin zu fahren, ist einer davon.
▲ Ja freilich, es ist der schnellste Weg, das Leben zu verlieren.
- Seien Sie nicht so ironisch!
▲ Ironisch? Haben Sie etwa nicht gesehen, wie die Autos über die Landstraßen und Autobahnen fahren? Die Leute fahren [rennen] wie Verrückte und respektieren weder die Geschwindigkeitsbegrenzungen noch die Verkehrszeichen. Und das Schlimmste ist, wenn man rechts überholt wird [wenn sie rechts überholen] ...
- Übertreiben Sie nicht so! Viele Leute fahren vernünftig. Mir gefällt es sehr, wenn mein Schwiegersohn mich mit dem Auto durch die Umgebung spazieren fährt. Sie wissen ja, dass ich Probleme mit den Beinen habe, und so kann ich alles anschauen, ohne müde zu werden.
▲ Ach Frau López! Ich beneide Sie um Ihren Optimismus.

Übungsdialoge 4/23

a. Don Eduardo redet über das heutige Leben und Sie wollen wissen, wie das Leben damals war, als er jung war. Hören Sie sich das Beispiel an und fragen Sie nach demselben Muster. Benutzen Sie dazu das Imperfekt der angegebenen Verben:

▪ Ahora hay coches por todos lados.
◆ ¿No había coches en su época?

1. haber
2. fumar
3. poder
4. respetar
5. escribir

b. Sagen Sie jetzt, was diesen Personen beinahe passiert ist. Hören Sie vorher den Beispieldialog auf der CD und benutzen Sie die Angaben, um die Fragen zu beantworten:

▪ ¿Que les ha pasado a Pablo y Raquel?
◆ ¡Pues que por poco los atropella un coche!

1. Pablo y Raquel / atropellar un coche
2. nosotros / perder el tren
3. yo / suspender (durchfallen) un examen
4. Marisa / tener un accidente (Unfall)
5. Daniel / caerse (herunterfallen) de una silla (Stuhl)

Por y para

In diesem Dialog kommen *por* und *para* noch einmal vor. Bitte beachten Sie die Unterschiede in der Verwendung der beiden Verhältniswörter:

Por

Ursache oder Grund
  → Por eso se llama usted Müller. (Deshalb heißen Sie Müller.)
Mittel, Art und Weise
  → Ellos siempre me llaman por teléfono. (Sie rufen mich immer an.)
  → Lo he hecho por escrito. (Ich habe es schriftlich gemacht.)
Zeitraum
  → Pasan muchos coches incluso por la noche. (Viele Autos fahren sogar in der Nacht vorbei.)
Weg oder Richtung
  → Pase usted por aquí. (Hier entlang, bitte.)
  → Ya no se puede andar por las calles. (Man kann nicht mehr durch die Straßen gehen.)
Ungefähre Orts- und Zeitangaben
  → Ahora hay coches por todos lados. (Jetzt gibt es überall Autos.)
  → Nos vimos por octubre. (Wir sahen uns im Oktober.)
Preis
  → Te lo compro por 20 euros. (Ich kaufe es dir für 20 Euro.)
Austausch oder Vertretung
  → He hecho el trabajo por ti. (Ich habe deine Arbeit gemacht.)

Para

Zweck und Bestimmung
  → Estoy aquí para visitar a mi sobrina. (Ich bin da, um meine Nichte zu besuchen.)
  → Estos tiempos no están hechos para mí. (Diese Zeiten sind nichts für mich.)
Vergleich
  → Hace mucho calor para una sopa de ajo. (Es ist zu warm für eine Knoblauchsuppe.)
  → Richtung oder Ziel
  → ¿A qué hora salen los trenes para Madrid? (Zu welchen Zeiten fahren die Züge nach Madrid?)
Meinung
  → Para mí la vida actual tiene muchas ventajas. (Meiner Meinung nach hat das heutige Leben viele Vorteile.)
Termin und Frist
  → Lo tendremos terminado para el lunes. (Wir werden es bis Montag fertig haben.)

Don und doña

Don und *doña* sind Respektsformeln, die vor den Vornamen bzw. vor Vor- und Nachnamen gesetzt werden:
  → Doña Antonia   → Doña Antonia López
  → Don Eduardo   → Don Eduardo Ponce

Vor einem alleinstehenden Nachnamen muss dagegen *señor / señora* verwendet werden:
  → Señora López   → Señor Ponce

DIÁLOGO 30 4/24

Frau Cortés (▲) und eine Freundin (●) wollen heute ins Kino. Sie nehmen den Bus.

▲ ¿Cogemos un taxi o vamos en autobús?
● En taxi no, por favor. Sólo la bajada de bandera es ya más cara que el billete del autobús. Y además, después de lo que me pasó el otro día …
▲ ¿Qué te pasó el otro día?
● Pues que a la hora de pagar el taxista no tenía cambio y tuve que ir a dos bares distintos hasta que me cambiaron.
▲ ¿Y estuvo todo ese tiempo corriendo el taxímetro?
● Pues claro. Realmente no me había pasado nunca antes algo así.
(En la parada del autobús)
▲ A ver si tenemos suerte y viene pronto un 21.
● Esa señora de ahí me ha dicho que ya lleva veinte minutos esperando, así que ya no tardará mucho en llegar.
▲ Bueno, eso nunca se sabe … ¡Mira! Ahí viene uno. ¿Tienes bonobús?
● Sí, sí, no pagues, yo pico también por ti.
(En el autobús)
▲ Date prisa, allí al fondo hay dos asientos libres. (Se sientan)
● ¿En qué parada debemos bajarnos?
▲ Yo creo que debemos bajarnos en correos y allí coger el 5 que nos deja en la puerta del cine. (La señora Cortés ve a un anciano que está de pie y le cede el asiento.) Señor, ¿quiere usted sentarse?
■ ¡Huy, sí! Muchísimas gracias. En todas las épocas hay gente educada.

▲ Nehmen wir ein Taxi oder fahren wir mit dem Bus?
● Bitte kein Taxi. Die Grundgebühr ist schon teurer als die Busfahrkarte. Und außerdem, nachdem was mir neulich passierte ...
▲ Was passierte dir denn neulich?
● Als ich zahlen wollte, konnte der Taxifahrer nicht herausgeben und ich musste in zwei verschiedene Kneipen gehen, bis sie mir das Geld wechselten.
▲ Und lief die Taxiuhr die ganze Zeit?
● Freilich. So was war mir wirklich vorher noch nie passiert.
(An der Bushaltestelle)
▲ Mal sehen, ob wir Glück haben und ein 21er bald kommt.
● Diese Frau da drüben hat mir gesagt, dass sie schon seit 20 Minuten wartet. Dann wird es nicht sehr lange dauern, bis er kommt.
▲ Na ja, das weiß man nie ... Schau mal! Da kommt doch einer. Hast du eine Streifenkarte?
● Ja, ja, zahl nicht. Ich stemple für dich mit.
(Im Bus)
▲ Beeil dich, dort hinten sind zwei Plätze frei. (Sie setzen sich)
● An welcher Haltestelle sollen wir aussteigen?
▲ Ich glaube, wir müssen bei der Post aussteigen und dann den 5er nehmen, der uns bis zur Kinotür fährt.

(Frau Cortés sieht einen alten Mann, der steht, und bietet ihm ihren Platz an.) Bitte schön, wollen Sie sich hinsetzen?
■ Oh ja! Vielen Dank. Es gibt doch zu allen Zeiten gut erzogene Leute.

Übungsdialoge 4/25

a. Sehen Sie sich die Angaben an und antworten Sie nach dem Muster dieses Beispieldialogs:

■ ¿En qué parada debo bajarme?
◆ Debes bajarte en correos y allí coger el 5 que te deja en la universidad.

1. tú / correos / 5 / universidad
2. vosotros / calle Donoso / 45 / centro
3. usted / Plaza Mayor / 23 / en la puerta del cine
4. ustedes / universidad / 17 / estación de trenes
5. nosotros / ayuntamiento (Rathaus) / 31 / teatro

b. Hören Sie sich nun den zweiten Beispieldialog an. Beantworten Sie wieder die Fragen nach dem Muster, indem Sie die unten stehenden Angaben benutzen:

■ ¿Y te comiste una tarta entera?
◆ Sí, realmente no me había comido nunca antes una tarta entera.

1. comerse una tarta (Torte / Kuchen) entera
2. conocer a un hombre así
3. ver una película de Pedro Almodóvar
4. ir al fútbol
5. leer un libro así

Cuando era pequeña ... — **LECCIÓN 10**

Das Plusquamperfekt (Vorvergangenheit)

Das Plusquamperfekt wird mit dem Imperfekt von *haber* + Partizip gebildet und drückt aus, dass eine Handlung vor einer in der Vergangenheit begonnenen schon passiert ist:
→ Realmente no me **había pasado** nunca antes algo así. (So was war mir wirklich nie vorher passiert.)

Señora Cortés / la señora Cortés

Wenn man sich an eine Person direkt wendet, sagt man *señor* oder *señora*:
' Buenos días, **señora** Cortés. (Guten Morgen, Frau Cortés.)

Wenn man aber nicht direkt mit einer Person sondern über sie spricht, muss man *el señor* oder *la señora* sagen:
→ **La señora** Cortés ve a un anciano que está de pie y le cede el asiento. (Frau Cortés sieht einen alten Mann, der steht, und bietet ihm ihren Platz an.)

Información

In der Regel halten sich die spanischen Busse nicht so fest an einen Fahrplan wie die deutschen, aber Busfahren, wie Taxi- oder Zugfahren, ist in Spanien immer noch billiger als in Deutschland. Im Taxi sollte man auch kleine Scheine dabei haben, sonst kann Ihnen das gleiche passieren wie der Dame im Dialog. Sie müssen auch aufpassen, dass der Taxifahrer die Taxiuhr anschaltet; so werden Sie zahlen, was die Fahrt tatsächlich kostet und nicht einen Phantasiebetrag. Jedes Taxi hat eine Taxiuhr, die einen Mindestbetrag anzeigt; dieser Betrag ist spätabends und nachts höher, ebenso am Wochenende und an Feiertagen. Spanische Taxifaher erwarten kein Trinkgeld, aber sie freuen sich selbstverständlich, wenn sie etwas bekommen.

Taxistand auf der Puerta del Sol *in Madrid*

GRAMÁTICA

DAS IMPERFEKT

	habl**ar**	com**er**	viv**ir**
(yo)	habl**aba**	com**ía**	viv**ía**
(tú)	habl**abas**	com**ías**	viv**ías**
(él/ella/usted)	habl**aba**	com**ía**	viv**ía**
(nosotros/nosotras)	habl**ábamos**	com**íamos**	viv**íamos**
(vosotros/vosotras)	habl**abais**	com**íais**	viv**íais**
(ellos/ellas/ustedes)	habl**aban**	com**ían**	viv**ían**

UNREGELMÄSSIGE FORMEN DES IMPERFEKTS

	ser	**ir**	**ver**
(yo)	era	iba	veía
(tú)	eras	ibas	veías
(él/ella/usted)	era	iba	veía
(nosotros/nosotras)	éramos	íbamos	veíamos
(vosotros/vosotras)	erais	ibais	veíais
(ellos/ellas/ustedes)	eran	iban	veían

DAS PLUSQUAMPERFEKT

(yo)	había hablado
(tú)	habías hablado
(él/ella/usted)	había hablado
(nosotros/nosotras)	habíamos hablado
(vosotros/vosotras)	habíais hablado
(ellos/ellas/ustedes)	habían hablado

GRAMÁTICA

VERGLEICH UND STEIGERUNG II

El superlativo (höchster Steigerungsgrad)

Artikel + *más* + Eigenschaftswort + *de / que*
→ Es **el más** trabajador **de** todos. (Er ist der Fleißigste von allen.)
→ Es **el más** trabajador **que** conozco. (Er ist der Fleißigste, den ich kenne.)

Artikel + Hauptwort + *más* + Eigenschaftswort + *de / que*
→ **la** niña **más** guapa **de** la clase (das schönste Mädchen in der Klasse)
→ Es **la** forma **más** rápida **de** perder la vida. (Es ist der schnellste Weg, das Leben zu verlieren.)
→ Es **la** niña **más** guapa **que** conozco. (Es ist das schönste Mädchen, das ich kenne.)

Lo + *más* + Eigenschaftswort + *de / que*
→ **lo más** bonito **de** todo (das Schönste von allen)
→ **lo más** bonito **que** he oído (das Schönste, das ich gehört habe)

Stamm des Eigenschaftsworts + *-ísimo*
→ una mujer viejí**sima** (eine uralte Frau)

Unregelmäßige Formen:

bueno (gut)	mejor (besser)	el mejor (der beste)
malo (schlecht)	peor (schlechter)	el peor (der schlechteste)
grande (groß)	mayor (größer / älter)	el mayor (der größte / älteste)
pequeño (klein / jung)	menor (kleiner / jünger)	el menor (der kleinste / jüngste)
mucho (viel)	más (mehr)	
poco (wenig)	menos (weniger)	

EJERCICIOS

Ejercicios escritos

1. Setzen Sie die richtige Form des Imperfekts ein:

a. Cuando doña Antonia ... (ser) pequeña, siempre ... (levantarse) temprano.
b. Mis padres siempre ... (irse) juntos a trabajar.
c. Todos los domingos ... (nosotros / comer) algo especial.
d. Vosotros nunca me ... (ayudar).
e. Yo ... (escribir) con frecuencia a mis amigos.

2. Entscheiden Sie, welche Form der Vergangenheit (zusammengesetztes Perfekt, einfaches Perfekt, Imperfekt oder Plusquamperfekt) die passende ist:

a. Cuando ... (yo / tener) 19 años, ... (yo / conocer) a mi mujer. Antes ya ... (yo / tener) otras novias (Freundinnen).
b. Esta mañana ... (nosotros / ver) a tus abuelos.
c. Rafael ... (venir) un día a mi casa y me ... (explicar) el problema.
d. Ayer ... (ellos / estar) en Granada.
e. Nunca ... (tú / entender) a los hombres.

3. *Por* oder *para*? Setzen Sie das richtige Verhältniswort ein:

a. Esta mañana hemos paseado ... la ciudad.
b. Este regalo es ... ti.
c. Trabajamos ... tener dinero.
d. ... eso hemos ido a la policía.
e. Nunca está en casa ... las noches.
f. Acabaremos el libro ... el verano.

4. Füllen Sie die Lücken mit einem passenden Wort:

a. ... López, ¿cómo está su marido?
b. Los hijos deben ... a los padres.
c. Ayer vi a ... José en el parque.
d. Este niño es ... más inteligente ... la clase.
e. Sí, es ... más inteligente ... conozco.
f. Este libro es muy bueno, pero el otro es todavía ...

Ejercicios orales 4/26-28

1. Hören Sie sich die folgenden sechs Sätze an und entscheiden Sie dann, ob sie in einem Bus, in einem Taxi oder auf der Straße gesagt worden sind. Schreiben Sie dann die Nummern der Sätze an die richtige Stelle.

En un autobús: _____
En un taxi: _____
En la calle: _____

2. Auf der CD hören Sie etwas aus der Vergangenheit von sechs Personen. Welche Geschichte passt zu welchem Bild? Schreiben Sie zu jedem Bild den Namen der jeweiligen Person (don Eduardo, doña Antonia, la señora Cortés, el señor Maldonado, la señora Juana Costa, el señor Luis Cifuentes).

3. Arbeiten Sie nun die mündlichen Übungen auf der CD durch.

LECCIÓN 10 —— Cuando era pequeña ...

VOCABULARIO

Vergleiche

Es la forma más rápida de perder la vida.
Lo peor es cuando te adelantan por la derecha.

Es ist der schnellste Weg, das Leben zu verlieren.
Das Schlimmste ist, wenn man rechts überholt wird.

Der Verkehr

atropellar	überfahren
atravesar	überqueren
parar	anhalten
conducir	fahren
adelantar	überholen
el semáforo	Ampel
el paso de peatones	Fußgängerüberweg
la carretera	(Land)Straße
la autopista	Autobahn
el límite de velocidad	Geschwindigkeitsbegrenzung
la señal de tráfico	Verkehrszeichen
el accidente	Unfall

Mit dem Bus fahren

coger / tomar el autobús	den Bus nehmen
el autobús	Bus
el billete	Fahrschein
el bonobús	Streifenkarte
la parada	Haltestelle
picar	stempeln
ceder el asiento	seinen Platz anbieten

Mit dem Taxi fahren

el taxista	Taxifahrer
la bajada de bandera	Grundgebühr
el taxímetro	Taxiuhr
cambiar	wechseln

Andere Ausdrücke

volver a las andadas	zu den alten Gewohnheiten zurückkehren
¡Vaya pregunta!	Was für eine Frage!
había que …	man musste …
¡A vivir que son dos días!	Nun hinein ins volle Leben!

 4/29

Hören Sie sich nun die zusätzlichen Begriffe an und achten Sie auf die Aussprache.

frenar	bremsen
acelerar	Gas geben / beschleunigen
aparcar	parken
el aparcamiento	Parkplatz
un aparcamiento vigilado	ein bewachter Parkplatz
el carné de conducir	Führerschein
el atasco	Stau
la multa	Strafzettel
la grúa	Abschleppwagen
la prohibición	Verbot
el guardia de tráfico	Verkehrspolizist

CONVERSACIÓN 4/30

Hören Sie sich zum Abschluss wieder die Anweisungen auf der CD an und nehmen Sie – ein letztes Mal – an der Unterhaltung teil.

CONTROL
Lecciones 6–10

1. Setzen Sie das Perfekt der in Klammern angegebenen Verben ein:

a. ¿Qué te ... (regalar) tus padres?
b. Rosa no ... (hacer) hoy nada.
c. ¿ ... (Vosotros / ver) a Pablo?
d. ... (Nosotros / volver) hace una hora.
e. Todavía no ... (yo / escribir) la carta.
f. ¿Quién te ... (abrir) la puerta?
g. Todavía no me ... (tú / decir) lo que quieres.
h. ¿Dónde ... (vosotros / poner) la camiseta?

2. Bilden Sie die Gegenwart der ersten Person Einzahl und Mehrzahl der folgenden Verben:

	yo	nosotros
a. pedir	_____	_____
b. agradecer	_____	_____
c. incluir	_____	_____
d. traducir	_____	_____
e. seguir	_____	_____
f. corregir	_____	_____
g. conocer	_____	_____
h. reír	_____	_____
i. repetir	_____	_____
j. decir	_____	_____

3. Setzen Sie die richtige Form der in Klammern angegebenen Wörter ein:

a. No tengo ... (ninguno) amigo en esta ciudad.
b. Es la ... (tercero) vez que te visito.
c. Ayer hizo muy ... (malo) tiempo.
d. Elvira era muy ... (bueno) persona.
e. ¿Tiene usted ... (alguno) problema?
f. Es el ... (primero) café que me tomo hoy.

4. Beantworten Sie die folgenden Fragen und ersetzen Sie dabei die unterstrichenen Wörter durch ein Fürwort:

a. ¿Has comprado las naranjas?
■ Sí, _____
b. ¿Le has dado el billete a Jorge?
■ No, _____
c. ¿Leías todos los días el periódico?
■ No, _____
d. ¿Le has regalado las flores a Silvia?
■ Sí, _____
e. ¿Arreglaste ayer tu habitación?
■ Sí, _____
f. ¿Me has descambiado los zapatos?
■ No, _____

5. Setzen Sie die folgenden Sätze zuerst in die Zukunft und dann ins Konditional:

a. No quiero hacerlo.
_____
_____

b. No sé qué hacer.
_____
_____

c. Tenía mucho tiempo.
_____
_____

d. Vengo otra vez mañana.
_____
_____

e. Lo pongo en la mesa.
_____
_____

6. Ersetzen Sie den Satz durch eine Befehlsform wie in diesem Beispiel:

a. No debes venir.
   ¡No vengas!
b. Debéis hablar menos.
c. No debe coger el autobús.

CONTROL LECCIONES 6–10 149

d. Debes salir más temprano.
e. No deben decir eso.
f. No debéis conducir tan rápido.
g. Debe pedir la cuenta.
h. Deben dormir más.

7. Entscheiden Sie, welche Form der Vergangenheit (zusammengesetztes Perfekt, einfaches Perfekt, Imperfekt oder Plusquamperfekt) die passende ist:

a. Ayer . . . (yo / conocer) a Claudia. Yo ya . . . (oír) hablar de ella, pero nunca antes la . . . (yo / ver).
b. Esta mañana no . . . (nosotros / poder) levantarnos temprano porque ayer . . . (nosotros / estar) en una fiesta y . . . (nosotros / acostarse) muy tarde.
c. Cuando mi abuela . . . (ser) joven, siempre . . . (ella / ir) al cine los domingos con sus amigas. Más tarde, cuando . . . (ella / casarse) con mi abuelo, . . . (ella / dejar) de hacerlo porque a mi abuelo no le . . . (gustar) el cine.

8. Setzen Sie die fehlenden Wörter ein:

a. Estudio en Madrid . . . tres meses.
b. Hace tres meses . . . estudio en Madrid.
c. Estudio en Madrid . . . abril.
d. Estuve en Madrid . . . tres meses.
e. Este coche es . . . rápido como el tuyo.
f. Lucas tiene . . . amigos como tú.
g. Nos alegramos igual . . . vosotros.
h. Comemos lo mismo . . . tú.
i. Desayuno menos . . . mi hermana.
j. Antonio es el más simpático . . . todos.

9. Setzen Sie das richtige Verhältniswort ein:

a. Mi marido acaba . . . volver del trabajo.
b. No hemos vuelto . . . vernos.
c. . . . ti no te gusta nada.
d. . . . eso no quería ir.
e. El autobús . . . Lugo sale . . . las 7.
f. Se lo vendo . . . 700 euros.
g. Eres muy joven . . . casarte.
h. ¡No me llames más . . . teléfono!
i. ¡ . . . poco le atropella un coche !
j. Hay muchas tiendas . . . aquí.

10. Übersetzen Sie die folgenden Sätze ins Spanische:

a. Das muss auch gefeiert werden.
b. Lucía ist erschöpft.
c. Nimm mal meinen Koffer und ich werde deinen nehmen.
d. Fragen Sie morgen noch einmal.
e. Wir werden mit dem Zug dort hinten fahren.
f. Wir werden uns vor dem Abendessen sehen.
g. Am Sonntag steht man nicht früh auf.
h. Welche Größe wünschen Sie?
i. Ihnen fehlt weder etwas an den Ohren noch am Hals.
j. Geben Sie mir zwei Rückfahrkarten.

Anhang

Grammatik-Übersicht

Lösungen der schriftlichen Übungen

Wiedergabe aller Übungsdialoge und mündlichen Übungen

Alphabetischer Wortschatz

Die spanischen Verben werden nach ihren Endungen in drei Konjugationsgruppen eingeteilt:

1. Die Verben auf *-ar*
2. Die Verben auf *-er*
3. Die Verben auf *-ir*

In den zehn Lektionen sind verschiedene Zeiten von Verben dieser drei Konjugationsgruppen vorgestellt worden.

1. DIE GRUPPE AUF *-AR*

Zu dieser Gruppe gehören: *hablar, trabajar, estudiar, comprar, iajar, …*

Infinitivo **Gerundio** **Participio**
hablar hablando hablado

INDICATIVO

Presente

(L. 1)
hablo
hablas
habla
hablamos
habláis
hablan

Pretérito perfecto

(L. 6)
he hablado
has hablado
ha hablado
hemos hablado
habéis hablado
han hablado

Pretérito perfecto simple (indefinido)

(L. 8)
hablé
hablaste
habló
hablamos
hablasteis
hablaron

Pretérito imperfecto

(L. 10)
hablaba
hablabas
hablaba
hablábamos
hablabais
hablaban

Pretérito pluscuamperfecto

(L. 10)
había hablado
habías hablado
había hablado
habíamos hablado
habíais hablado
habían hablado

Futuro simple

(L. 7)
hablaré
hablarás
hablará
hablaremos
hablaréis
hablarán

Condicional simple

(L. 7)
hablaría
hablarías
hablaría
hablaríamos
hablaríais
hablarían

SUBJUNTIVO

Presente

(L. 8)
hable
hables
hable
hablemos
habléis
hablen

GRAMMATIK-ÜBERSICHT

2. DIE GRUPPE AUF -*ER*

Zu dieser Gruppe gehören: *comer, beber, aprender, leer, ender, ...*

Infinitivo	**Gerundio**	**Participio**
comer	comiendo	comido

INDICATIVO

Presente
(L. 2)
como
comes
come
comemos
coméis
comen

Pretérito perfecto simple (Indefinido)
(L. 8)
comí
comiste
comió
comimos
comisteis
comieron

Pretérito pluscuamperfecto
(L. 10)
había comido
habías comido
había comido
habíamos comido
habíais comido
habían comido

Pretérito perfecto
(L. 6)
he comido
has comido
ha comido
hemos comido
habéis comido
han comido

Pretérito imperfecto
(L. 10)
comía
comías
comía
comíamos
comíais
comían

Futuro simple
(L. 7)
comeré
comerás
comerá
comeremos
comeréis
comerán

Condicional simple
(L. 7)
comería
comerías
comería
comeríamos
comeríais
comerían

SUBJUNTIVO

Presente
(L. 8)
coma
comas
coma
comamos
comáis
coman

3. DIE GRUPPE AUF -*IR*

Zu dieser Gruppe gehören: *i ir, escribir, recibir, …*

Infinitivo	**Gerundio**	**Participio**
vivir	viviendo	vivido

INDICATIVO

Presente
(L. 3)
vivo
vives
vive
vivimos
vivís
viven

Pretérito perfecto
(L. 6)
he vivido
has vivido
ha vivido
hemos vivido
habéis vivido
han vivido

Pretérito perfecto simple (Indefinido)
(L. 8)
viví
viviste
vivió
vivimos
vivisteis
vivieron

Pretérito imperfecto
(L. 10)
vivía
vivías
vivía
vivíamos
vivíais
vivían

Pretérito pluscuamperfecto
(L. 10)
había vivido
habías vivido
había vivido
habíamos vivido
habíais vivido
habían vivido

Futuro simple
(L. 7)
viviré
vivirás
vivirá
viviremos
viviréis
vivirán

Condicional simple
(L. 7)
viviría
vivirías
viviría
viviríamos
viviríais
vivirían

SUBJUNTIVO

Presente
(L. 8)
viva
vivas
viva
vivamos
viváis
vivan

DER GEBRAUCH VON *SER* UND *ESTAR*

Ser

- Identifikation, Besitz
  - → Éste es Manolo. (L.2) (Das ist Manolo.)
  - → Ese vaso es mío. (L.7) (Dieses Glas gehört mir.)
- Beruf, Nationalität, Herkunft, Rasse, politische Idee, Religion
  - → Es catedrático. (Er ist Professor.)
  - → Soy española. (L.1) (Ich bin Spanierin.)
- Zeitangabe, Mengenangabe, Preis, Hierarchie
  - → Es la una en punto. (L.5) (Es ist genau ein Uhr.)
  - → Son 124 euros. (L.8) (Es macht 124 Euro.)
- Unpersönliche Ausdrücke (3. Person Einzahl + Eigenschaftswort)
  - → Es bueno aprender español. (Es ist gut, Spanisch zu lernen.)
- Mit der Bedeutung „stattfinden"
  - → La boda es en la iglesia. (Die Hochzeit findet in der Kirche statt.)

Estar

- Physischer und psychischer Zustand
  - → Estoy bien. (L.2) (Es geht mir gut.)
- Ortsangabe
  - → La Giralda está en Sevilla. (L.3) (Die Giralda ist in Sevilla.)
- Ergebnis einer Handlung
  - → Ya está todo preparado. (L.2) (Es ist alles schon fertig.)
- Verlaufsform (*estar* + Gerundium)
  - → Está hablando. (L.5) (Er spricht gerade.)

Ser / *estar* + Eigenschaftswort

Im Allgemeinen kann man sagen, dass *ser* verwendet wird, um wesentliche Eigenschaften auszudrücken, und dass *estar* einen (vorübergehenden) Zustand beschreibt:
- → Es inteligente. (L.2) ⟷ → Estoy cansada. (L.2)
  (Er ist intelligent.) (Ich bin müde.)

Weitere Hinweise zum Gebrauch von *ser* und *estar* + Eigenschaftswort:

- Einige Eigenschaftswörter können mit *ser* und *estar* verwendet werden, je nachdem ob eine momentane oder eine essentielle Eigenschaft beschrieben werden soll:
  - → Juan es nervioso. ⟷ → Juan está nervioso.
    (Juan ist ein nervöser Mensch.) (Juan ist gerade nervös.)

- Einige Eigenschaftswörter ändern ihre Bedeutung, je nachdem ob sie mit *ser* oder *estar* verwendet werden:
  - → Él es malo. (Er ist böse.) ⟷ → Él está malo. (Er ist krank.)

LECCIÓN 1

1. a. trabaja b. estudias c. se llama d. estudian e. hablamos f. habláis

2. a. Vosotras sois españolas. b. Peter y Petra son alemanes. c. Manolo es bajo. d. María y Ana son rubias. e. Nosotros somos morenos. f. Mary es inglesa. g. Vosotros sois delgados.

3. a. Sí, también estudio aquí. b. Sí, también soy italiano. c. Sí, también hablamos francés. d. Sí, también me llamo María. e. Sí, también trabajan aquí.

4. a. Yo tampoco soy de Madrid. b. Yo tampoco hablo italiano. c. Juan tampoco trabaja aquí. d. Nosotros tampoco somos de aquí. e. Yo tampoco estudio aquí.

LECCIÓN 2

1. a. leen b. está, aprender c. veis d. tenemos e. sabes

2. a. estás, estoy b. están c. sois d. estáis e. es

3. a. Mis padres están en casa. b. Nuestros hijos estudian en Barcelona. c. Ella come hoy en casa de su madre. d. Veo a tu tía todos los días. e. Vuestra amiga aprende español. f. Lees su periódico.

LECCIÓN 3

1. a. hay b. están c. hay d. está e. hay

2. a. recibimos b. escribís c. vives d. viven

3. a. importantes b. gran c. interesante d. grande e. guapas

LECCIÓN 4

1. a. mí b. le c. os d. les

2. a. tengo, tenemos b. traigo, traemos c. recomiendo, recomendamos d. quiero, queremos e. pienso, pensamos f. hago, hacemos g. sé, sabemos

3. a. muy b. mucho c. muchas d. muchas e. mucho

LECCIÓN 5

1. a. cuesta b. podéis c. duermen d. dormimos e. puedo

2. a. a, a b. a, en c. a d. a e. de

3. a. Pedro está hablando con Manolo. b. Mis hermanos están escribiendo una carta. c. Nosotros estamos arreglando las tuberías del agua. d. Tú estás haciendo la comida. e. Yo estoy comiendo. f. Vosotros estáis estudiando la lección.

4. a. cuántas b. cuánto c. cuántos d. cuánta

5. a. doscientos cuarenta y un euros
b. setecientas setenta y una coronas
c. novecientos ochenta y siete euros
d. quinientas treinta y dos coronas

CONTROL LECCIONES 1–5

1. a. hago b. duermen c. te llamas
d. aprenden e. tenemos f. vive g. va
h. recomienda i. traigo j. puede

2. a. hay b. es c. eres d. estoy e. está f. son
g. es h. hay i. está j. es

3. a. me b. nos c. ella d. lo e. contigo f. la
g. los h. les

4. a. triste b. gran c. rica d. interesantes
e. libres f. españoles g. grande h. guapas i. morena, gorda j. rubia, simpática
k. altos

5. a. muchos b. bien c. muy d. mucho
e. buenos, bien f. mucho g. buenas / muchas h. muy

6. a. a b. a, a, de c. de d. para e. hasta f. en
g. a h. de i. para j. a, a k. por

7. a. diecinueve horas b. veintisiete libros
c. cuarenta y un hotenes d. ciento dos mesas e. ciento sesenta y cinco días
f. doscientos treinta y dos dólares
g. quinientos cincuenta y cinco euros
h. setecientas noventa y una libras
i. novecientas setenta y tres personas

8. a. nuestros b. su c. mis d. no e. quiénes, los f. por qué g. de dónde, sus h. cómo

9. a. Hace frío b. Está hablando con su padre. c. Son las 8 de la tarde. d. ¿De parte de quién? e. Aquí se aprende español. f. Ésta es Alicia. g. Nadie le escribe. h. No sé nada. i. ¿Vamos al cine? j. Nos gusta más leer libros.
k. Me gustaría hablar con usted.

10. a. llamo, soy, vivo, estoy, echo de menos, piso, dormitorios, estar, tranquilo, peatonal, pasa
b. oiga, va a, traer, algo, qué, carta, cuántas, puede, rica / buena, me, seguida
c. quiere, me, a, habitación, individual, mi, hay, muy, estrellas, cuesta, cuestan, un, está, cerca, a, en

LECCIÓN 6

1. a. he hecho b. ha hablado c. habéis visto d. hemos comido e. han ido
f. has dicho

2. a. Mi madre está agotada / muy cansada. b. Se lo he dicho. c. El profesor corrige los ejercicios. d. Esto hay que hacerlo. e. Él sigue estudiando.
f. Vosotros habéis ido a la oficina.

3. a. por b. de c. en d. con e. en

4. Worträtsel
1. escuela 2. casa 3. gracias 4. los
5. hablas 6. esperan 7. comemos
8. rubio 9. tráfico 10. delgado

LECCIÓN 7

1. a. Iré a trabajar. Iría a trabajar.
b. Podremos comprar una casa. Podríamos comprar una casa.
c. Estaréis muy cansados. Estaríais muy cansados. d. Viajarán en autobús. Viajarían en autobús. e. Tendrás mucho dinero. Tendrías mucho dinero.

2. a. tuyos b. suyo c. mío d. nuestro
e. suyas

3. a. agradezco b. duermo c. quiero
d. ofrezco e. digo f. salgo

4.

M	O	P	A	E	V	N	Ñ	R	H	Q	W	Z	I
Z	K	L	M	O	E	C	N	O	W	A	C	N	O
H	A	B	L	A	N	K	O	M	K	L	P	J	Y
O	K	T	B	D	I	M	T	N	V	Z	B	A	D
A	L	S	A	C	D	N	R	Y	D	Ñ	S	S	T
S	E	N	Q	R	S	T	T	N	T	U	M	O	E
V	N	O	P	W	V	E	O	R	S	N	C	K	J
C	S	L	O	X	G	P	Q	U	E	D	C	E	O
D	T	K	T	O	Y	Z	P	T	V	Z	Y	A	B
P	P	D	C	K	O	V	I	A	J	A	D	D	P
N	K	E	J	L	T	N	N	O	C	H	G	I	N
D	B	M	N	V	L	D	M	B	I	D	F	V	B
D	O	O	B	N	E	V	A	L	K	J	E	I	E
V	O	C	G	J	B	L	I	O	N	P	O	V	A

LECCIÓN 8

1. a. me he levantado b. se levantó c. ha estudiado d. estudió e. nació f. han ido

2. a. ¡No la escribas! b. ¡Cógelo!
c. ¡Leedlos! d. ¡No la beba!
e. ¡Visitémosla! f. ¡No los fumen!

3. a. en, en b. en, de c. para d. a e. a
f. de

4. a. Lo ha vuelto a hacer. b. La/los/las acabo de ver. c. Aquella casa de allí lejos es muy bonita. d. Ayer compré un billete para Madrid. e. ¡Déme usted la maleta! f. ¡No subas todavía! g. Me suelo levantar a las 7.

LECCIÓN 9

1. a. hace b. que c. les, tanto d. qué e. se, uno

2. a. estuve b. anduvimos c. dijo
d. quisieron e. pudisteis f. hiciste

3. a. tercera b. primer c. buen d. mal
e. buenos f. ningún

4. a. desde b. a c. a d. a e. para

LECCIÓN 10

1. a. era, se levantaba b. se iban
c. comíamos d. ayudabais e. escribía

2. a. tenía, conocí, había tenido b. hemos visto c. vino, explicó d. estuvieron
e. has entendido

3. a. por b. para c. para d. por e. por
f. para

4. a. señora b. obedecer c. don d. el, de
e. el, que f. mejor

CONTROL LECCIONES 6–10

1. a. han regalado b. ha hecho c. habéis visto d. hemos vuelto e. he escrito f. ha abierto g. has dicho h. habéis puesto

LÖSUNGEN DER SCHRIFTLICHEN ÜBUNGEN

2. a. pido, pedimos b. agradezco, agradecemos c. incluyo, incluimos d. traduzco, traducimos e. sigo, seguimos f. corrijo, corregimos g. conozco, conocemos h. río, reímos i. repito, repetimos j. digo, decimos

3. a. ningún b. tercera c. mal d. buena e. algún f. primer

4. a. Sí, las he comprado. b. No, no se lo he dado. c. No, no lo leía todos los días. d. Sí, se las he regalado. e. Sí, la arreglé ayer. f. No, no te los he descambiado.

5. a. No querré hacerlo. No querría hacerlo. b. No sabré qué hacer. No sabría qué hacer. c. Tendré mucho tiempo. Tendría mucho tiempo. d. Vendré otra vez mañana. Vendría otra vez mañana. e. Lo pondré en la mesa. Lo pondría en la mesa.

6. a. ¡No vengas! b. ¡Hablad menos! c. ¡No coja el autobús! d. ¡Sal más temprano! e. ¡No digan eso! f. ¡No conduzcáis tan rápido! g. ¡Pida la cuenta! h. ¡Duerman más!

7. a. conocí, había oído, había visto b. hemos podido, estuvimos, nos acostamos c. era, iba, se casó, dejó, gustaba

8. a. desde hace b. que c. desde d. hace e. tan f. tantos g. que h. que i. que j. de

9. a. de b. a c. a d. por e. para, a f. por g. para h. por i. por j. por

10. a. Esto también hay que celebrarlo. b. Lucía está agotada. c. Coge / Toma mi maleta y yo cogeré / tomaré la tuya. d. Vuelva usted a preguntar mañana. / Pregunte usted mañana otra vez. e. Viajaremos en aquel tren de allí lejos. f. Nos veremos antes de la cena. g. Los domingos uno no se levanta temprano. h. ¿Qué talla desea usted? i. Usted no tiene nada ni de oído ni de garganta. j. Déme dos billetes de ida y vuelta.

LECCIÓN 1

DIÁLOGO 1
Übungsdialog a

1.
- Hola, ¿cómo te llamas?
- Hola, me llamo José.
- Tú no eres de Madrid, ¿verdad?
- No, soy de Valencia, ¿y de dónde eres tú?
- Yo soy de Barcelona.

2.
- Hola, ¿cómo te llamas?
- Hola, me llamo María.
- Tú no eres de Madrid, ¿verdad?
- No, soy de Sevilla, ¿y de dónde eres tú?
- Yo soy de Barcelona.

3.
- Hola, ¿cómo te llamas?
- Hola, me llamo Pedro.
- Tú no eres de Madrid, ¿verdad?
- No, soy de Zaragoza, ¿y de dónde eres tú?
- Yo soy de Barcelona.

4.
- Hola, ¿cómo te llamas?
- Hola, me llamo Ana.
- Tú no eres de Madrid, ¿verdad?
- No, soy de Salamanca, ¿y de dónde eres tú?
- Yo soy de Barcelona.

5.
- Hola, ¿cómo te llamas?
- Hola, me llamo Antonio.
- Tú no eres de Madrid, ¿verdad?
- No, soy de Málaga, ¿y de dónde eres tú?
- Yo soy de Barcelona.

6.
- Hola, ¿cómo te llamas?
- Hola, me llamo Marta.
- Tú no eres de Madrid, ¿verdad?
- No, soy de Mallorca, ¿y de dónde eres tú?
- Yo soy de Barcelona.

Übungsdialog b

1.
- ¿Estudias aquí, José?
- Sí, también estudio aquí.

2.
- ¿Estudias aquí, María?
- No, trabajo en la universidad.

3.
- ¿Estudias aquí, Pedro?
- Sí, también estudio aquí.

4.
- ¿Estudias aquí, Ana?
- No, trabajo en un colegio.

5.
- ¿Estudias aquí, Antonio?
- No, trabajo en una empresa.

6.
- ¿Estudias aquí, Marta?
- Sí, también estudio aquí.

DIÁLOGO 2
Übungsdialog a

1.
- Buenos días, ¿cómo se llama usted?
- Buenos días, me llamo Peter Gómez.
- ¿Es usted español?
- No, soy alemán.

2.
- Buenos días, ¿cómo se llama usted?
- Buenos días, me llamo Petra García.
- ¿Es usted española?
- No, soy alemana.

3.
- Buenos días, ¿cómo se llama usted?
- Buenos días, me llamo John Rodríguez.
- ¿Es usted español?
- No, soy inglés.

4.
- Buenos días, ¿cómo se llama usted?
- Buenos días, me llamo Mary Álvarez.
- ¿Es usted española?
- No, soy inglesa.

5.
- Buenos días, ¿cómo se llama usted?
- Buenos días, me llamo Marie Sánchez.
- ¿Es usted española?
- No, soy francesa.

6.
- Buenos días, ¿cómo se llama usted?
- Buenos días, me llamo Pierre Jiménez.
- ¿Es usted español?
- No, soy francés.

Übungsdialog b

1.
- ¿Habla usted italiano?
- Sí, hablo muy bien italiano porque mi padre es italiano.

2.
- ¿Habla usted alemán?
- Sí, hablo muy bien alemán porque mi padre es alemán.

3.
- ¿Habla usted portugués?
- Sí, hablo muy bien portugués porque mi padre es portugués.

4.
- ¿Habla usted francés?
- Sí, hablo muy bien francés porque mi padre es francés.

5.
- ¿Habla usted inglés?
- Sí, hablo muy bien inglés porque mi padre es inglés.

6.
- ¿Habla usted español?
- Sí, hablo muy bien español porque mi padre es español.

DIÁLOGO 3
Übungsdialog

1.
- Oye, María, ¿quiénes son esas chicas?
- Son dos amigas de José.
- ¿Cómo se llaman?
- La chica morena y guapa se llama Marta y la rubia y fea se llama Carmen.

2.
- Oye, María, ¿quiénes son esos chicos?
- Son dos amigos de José.
- ¿Cómo se llaman?
- El chico moreno y delgado se llama Juan y el rubio y gordo se llama Pedro.

3.
- Oye, María, ¿quiénes son esas chicas?
- Son dos amigas de José.
- ¿Cómo se llaman?
- La chica rubia y alta se llama Luisa y la morena y baja se llama Ana.

4.
- Oye, María, ¿quiénes son esos chicos?
- Son dos amigos de José.
- ¿Cómo se llaman?
- El chico rubio y simpático se llama Luis y el moreno y antipático se llama Carlos.

Ejercicios orales

1.
Weiblich: 1, 5, 6
Männlich: 2, 7, 8
Mehrzahl: 3, 4, 9, 10

3.
a. 915714623
b. 923152985
c. 934631497
d. 925582471
e. 913923967
f. 934335185
g. 913871354

5.
2, 7, 4, 9, 11, 3, 20, 1, 15, 12, 0, 8, 13, 5, 10, 18, 14, 25, 21, 6, 16, 19, 22, 24, 23, 17, 2

6.
A.
- ¿Trabajan Vds. también aquí?
- Sí, también trabajamos aquí.
- ¿Es Vd. también de Madrid?
- Sí, también soy de Madrid.
- ¿Se llama Vd. Juan Gómez García?
- Sí, me llamo Juan Gómez García.
- ¿Es Ana también rubia?
- Sí, Ana también es rubia.
- ¿Estudian ellos también español?
- Sí, también estudian español.

B.
- ¿Habláis español?
- No, no hablamos español.
- ¿Trabajas en una empresa?
- No, no trabajo en una empresa.
- ¿Estudian ellos en la universidad?
- No, no estudian en la universidad.
- ¿Te llamas Carmen?
- No, no me llamo Carmen.
- ¿Es María francesa?
- No, María no es francesa.

C.
- Me llamo José.
- ¿Cómo te llamas?
- Se llaman Antonio Rodríguez y Ana Paz.
- ¿Cómo se llaman?
- Son dos amigos de María.
- ¿Quiénes son esos chicos?
- Son dos amigas de María.
- ¿Quiénes son esas chicas?
- Soy de Barcelona.
- ¿De dónde eres?

D.
- Marta / Alemania
- ¿Es Marta alemana?
- Antonio / Italia
- ¿Es Antonio italiano?
- Manolo y Ana / Francia
- ¿Son Manolo y Ana franceses?
- Luisa y María / Inglaterra
- ¿Son Luisa y María inglesas?
- Ángel y Carlos / Portugal
- ¿Son Ángel y Carlos portugueses?

CONVERSACIÓN

- ¿Cómo se llama Vd.?
- Me llamo Francisco Gómez.
- ¿De dónde es Vd.?
- Soy de Madrid.
- ¿Estudia Vd.?
- No, trabajo en una empresa alemana.
- ¿Habla Vd. alemán?
- Sí, hablo muy bien alemán.

LECCIÓN 2

DIÁLOGO 4
Übungsdialog a

1.
- Hola, Antonio, ¿cómo estás?
- Muy bien, y tú, ¿qué tal?
- Estoy bien, gracias. ¿Pero qué haces aquí en Barcelona?
- Estoy de vacaciones con mi padre y mi hijo.

2.
- Hola, José, ¿cómo estás?
- Estupendamente, y tú, ¿qué tal?
- Estoy bien, gracias. ¿Pero qué haces aquí en Barcelona?
- Estoy de vacaciones con mi hijo.

3.
- Hola, Andrés, ¿cómo estás?
- Regular, y tú, ¿qué tal?
- Estoy bien, gracias. ¿Pero qué haces aquí en Barcelona?
- Estoy de vacaciones con mi mujer y mi hija.

4.
- Hola, Marta, ¿cómo estás?
- Mal, y tú, ¿qué tal?
- Estoy bien, gracias. ¿Pero qué haces aquí en Barcelona?
- Estoy de vacaciones con mis hijos.

5.
- Hola, María, ¿cómo estás?
- Fatal, y tú, ¿qué tal?
- Estoy bien, gracias. ¿Pero qué haces aquí en Barcelona?
- Estoy de vacaciones con mi madre y mi hijo.

Übungsdialog b

1.
- ¿Dónde se habla español?
- Se habla español en España.

2.
- ¿Dónde se come bien?
- Se come bien en un restaurante.

3.
- ¿Dónde se trabaja bien?
- Se trabaja bien en un colegio.

4.
- ¿Dónde se habla alemán?
- Se habla alemán en Alemania.

5.
- ¿Dónde se estudia?
- Se estudia en la universidad.

DIÁLOGO 5
Übungsdialog a

1.
- Dígame.
- ¿Está Pepe?
- No, Pepe no está en casa en este momento.
- ¿Dónde está? ¿Está en casa de su hija?
- No, está en el trabajo.

2.
- Dígame.
- ¿Está Pepe?
- No, Pepe no está en casa en este momento.
- ¿Dónde está? ¿Está en casa de su padre?
- No, está en el trabajo.

3.
- Dígame.
- ¿Está Pepe?
- No, Pepe no está en casa en este momento.
- ¿Dónde está? ¿Está en casa de sus hijos?
- No, está en el trabajo.

4.
- Dígame.
- ¿Está Pepe?
- No, Pepe no está en casa en este momento.
- ¿Dónde está? ¿Está en casa de su madre?
- No, está en el trabajo.

5.
- Dígame.
- ¿Está Pepe?
- No, Pepe no está en casa en este momento.
- ¿Dónde está? ¿Está en casa de sus padres?
- No, está en el trabajo.

Übungsdialog b

1.
- Hoy comemos en casa de nuestra hija.
- ¿En casa de vuestra hija?

2.
- Hoy comemos en casa de nuestro padre.
- ¿En casa de vuestro padre?

3.
- Hoy comemos en casa de nuestros hijos.
- ¿En casa de vuestros hijos?

4.
- Hoy comemos en casa de nuestra madre.
- ¿En casa de vuestra madre?

5.
- Hoy comemos en casa de nuestros padres.
- ¿En casa de vuestros padres?

DIÁLOGO 6
Übungsdialog

1.
- ¿Quién aprende catalán?
- Mi tía aprende catalán.
- ¿Quién lee el periódico?
- Mi tía lee el periódico para aprender catalán.

2.
- ¿Quién aprende español?
- Yo aprendo español.
- ¿Quién lee el periódico?
- Yo leo el periódico para aprender español.

3.
- ¿Quién aprende inglés?
- Mis padres aprenden inglés.
- ¿Quién lee el periódico?
- Mis padres leen el periódico para aprender inglés.

4.
- ¿Quién aprende alemán?
- Mi sobrina aprende alemán.
- ¿Quién lee el periódico?
- Mi sobrina lee el periódico para aprender alemán.

5.
- ¿Quién aprende francés?
- Nosotros aprendemos francés.
- ¿Quién lee el periódico?
- Nosotros leemos el periódico para aprender francés.

Ejercicios orales

2.
a. 9 / 57 / 56 / 26 / 0 / 7
b. 9 / 54 / 91 / 83 / 66
c. 9 / 23 / 75 / 42 / 0 / 9
d. 9 / 58 / 37 / 12 / 98
e. 9 / 13 / 11 / 64 / 87
f. 9 / 34 / 52 / 54 / 0 / 3

4.
A.
- ¿Estás de vacaciones con tu mujer y tus hijos?
- Sí, estoy de vacaciones con mi mujer y mis hijos.
- ¿Se come bien en Barcelona?
- Sí, se come bien en Barcelona.
- ¿Está Pepe en casa?
- Sí, Pepe está en casa.
- ¿Aprendéis español en una escuela?
- Sí, aprendemos español en una escuela.
- ¿Leen tus padres todos los días el periódico?
- Sí, mis padres leen todos los días el periódico.

B.
- ¿Sabe su sobrina catalán?
- No, mi sobrina no sabe catalán.
- ¿Está todo preparado?
- No, no está todo preparado.
- ¿Es tu marido español?
- No, mi marido no es español.
- ¿Están vuestros hijos en Alemania?
- No, nuestros hijos no están en Alemania.
- ¿Tenéis tiempo esta noche?
- No, no tenemos tiempo esta noche.

C.
- Estoy de vacaciones con mis hijos.
- Nosotros estamos de vacaciones con nuestros hijos.
- Veo la televisión.
- Vosotros veis la televisión.
- Leemos el periódico todos los días.
- Ella lee el periódico todos los días.
- Mi padre aprende italiano.
- Ellos aprenden italiano.
- Ellos comen en un restaurante.
- Tú comes en un restaurante.

D.
- De su amigo Manolo, Manolo García.
- ¿De parte de quién?
- Estoy bien, ¿y tú?
- ¿Cómo estás?
- Antonio está en casa de sus padres.
- ¿Dónde está Antonio?
- Soy de Salamanca, ¿y usted?
- ¿De dónde es usted?
- No, sus padres no saben catalán.
- ¿Saben sus padres catalán?

CONVERSACIÓN

- Dígame.
- ¿Está José?
- ¿De parte de quién?
- De parte de Luis.
- José no está en este momento en casa.
- ¿Dónde está?
- Está en casa de sus abuelos.

LECCIÓN 3

DIÁLOGO 7
Übungsdialog a

1.
- ¿Desde cuándo vive Raúl en Salamanca?
- Raúl vive en Salamanca desde hace un año.

2.
- ¿Desde cuándo vives en Córdoba?
- Vivo en Córdoba desde hace tres meses.

3.
- ¿Desde cuándo vivís en Lima?
- Vivimos en Lima desde hace diez años.

4.
- ¿Desde cuándo viven tus padres en Quito?
- Mis padres viven en Quito desde hace ocho meses.

5.
- ¿Desde cuándo vive Luisa en Managua?
- Luisa vive en Managua desde hace siete semanas.

Übungsdialog b

1.
- ¿Recibes cartas de tu familia?
- No, no recibo cartas de mi familia.

2.
- ¿Viven tus padres en Sevilla?
- No, mis padres no viven en Sevilla.

3.
- ¿Hay universidad en esta ciudad?
- No, no hay universidad en esta ciudad.

4.
- ¿Escribís con frecuencia a vuestros padres?
- No, no escribimos con frecuencia a nuestros padres.

5.
- ¿Echas de menos a tu familia?
- No, no echo de menos a mi familia.

DIÁLOGO 8
Übungsdialog a

1.
- ¿Hay teatros en Sevilla?
- Sí, hay dos teatros en Sevilla.

2.
- ¿Hay monumentos en Granada?
- Sí, hay muchos monumentos en Granada.

3.
- ¿Hay parques en Barcelona?
- Sí, hay varios parques en Barcelona.

4.
- ¿Hay mucho tráfico en Madrid?
- Sí, hay mucho tráfico en Madrid.

5.
- ¿Hay cines en Salamanca?
- Sí, hay varios cines en Salamanca.

Übungsdialog b

1.
- ¿Está la Alhambra en Sevilla?
- No, en Sevilla está la Giralda.

2.
- ¿Está la Sagrada Familia en Granada?
- No, en Granada está la Alhambra.

3.
- ¿Está el Museo del Prado en Barcelona?
- No, en Barcelona está la Sagrada Familia.

4.
- ¿Está la Casa de las Conchas en Madrid?
- No, en Madrid está el Museo del Prado.

5.
- ¿Está la Giralda en Salamanca?
- No, en Salamanca está la Casa de las Conchas.

DIÁLOGO 9
Übungsdialog

1.
- ¿Tiene el piso de Carlos garaje?
- No, el piso de Carlos no tiene garaje.

2.
- ¿Tiene el piso de Laura trastero?
- Sí, el piso de Laura tiene trastero.

3.
- ¿Tiene el piso de Pedro balcón?
- Sí, el piso de Pedro tiene balcón.

4.
- ¿Hay una panadería cerca del piso de Juan?
- No, no hay una panadería cerca del piso de Juan.

5.
- ¿Hay un supermercado cerca del piso de Rosa?
- Sí, hay un supermercado cerca del piso de Rosa.

Ejercicios orales

1.
a. no
b. no
c. sí
d. no

3.
A.
- ¿Recibís cartas de vuestros amigos?
- Sí, recibimos cartas de nuestros amigos.
- ¿Echas de menos a tu familia?
- Sí, echo de menos a mi familia.
- ¿Te escriben tus padres?
- Sí, me escriben mis padres.
- ¿Hay muchos monumentos en Sevilla?
- Sí, hay muchos monumentos en Sevilla.
- ¿Tiene tu piso garaje?
- Sí, mi piso tiene garaje.

B.
- ¿Hay muchos teatros en Sevilla?
- No, no hay muchos teatros en Sevilla.
- ¿Está la Giralda en Granada?
- No, la Giralda no está en Granada.
- ¿Es tu piso muy tranquilo?
- No, mi piso no es muy tranquilo.
- ¿Hay mucho tráfico en la ciudad?
- No, no hay mucho tráfico en la ciudad.
- ¿Tenéis muchos amigos en España?
- No, no tenemos muchos amigos en España.

C.
- Vivo en Barcelona, ¿y tú?
- ¿Dónde vives?
- Nosotros vivimos aquí desde hace tres años, ¿y vosotros?
- ¿Desde cuándo vivís aquí?
- Porque en la ciudad donde viven mis padres no hay universidad.
- ¿Por qué vives aquí?
- El chico rubio es Pedro y el moreno Manolo.
- ¿Quiénes son esos chicos?
- Madrid es una ciudad bastante grande.
- ¿Cómo es Madrid?

D.
- El supermercado está en la calle Sol.
- Hay un supermercado en la calle Sol.
- En esta calle hay tiendas.
- En esta calle está la tienda de mi padre.
- Carmen está en Málaga.

- Hay varios parques en Málaga.
- Hay mucha gente en el cine.
- Mi marido está en el cine.
- Ese teatro está en Zaragoza.
- Hay dos teatros en Zaragoza.

CONVERSACIÓN

- ¿Dónde está su piso?
- Mi piso está en Madrid.
- ¿Tiene su piso balcón?
- Sí, mi piso tiene balcón.
- ¿Tiene su piso garaje?
- No, mi piso no tiene garaje.
- ¿Está su piso en una calle tranquila?
- No, mi piso no está en una calle tranquila.
- ¿Hay tiendas cerca de su piso?
- Sí, hay muchas tiendas cerca de mi piso.

LECCIÓN 4

DIÁLOGO 10
Übungsdialog a

1.
- ¿Qué van a tomar los señores?
- A mí me trae, por favor, un tinto y a mi amigo, una cerveza.

2.
- ¿Qué van a tomar las señoras?
- A mí me trae, por favor, un vino blanco y a mi amiga, un zumo de naranja.

3.
- ¿Qué van a tomar los señores?
- A mí me trae, por favor, un refresco de limón y a mi amiga, un vaso de sangría.

Übungsdialog b

1.
- ¿Vas a comer tortilla?
- Sí, en este bar la tortilla está muy rica.

2.
- ¿Vas a comer ensaladilla?
- Sí, en este bar la ensaladilla está muy rica.

3.
- ¿Vas a comer boquerones?
- Sí, en este bar los boquerones están muy ricos.

4.
- ¿Vas a comer caracoles?
- Sí, en este bar los caracoles están muy ricos.

5.
- ¿Vas a comer aceitunas?
- Sí, en este bar las aceitunas están muy ricas.

6.
- ¿Vas a comer paella?
- Sí, en este bar la paella está muy rica.

DIÁLOGO 11
Übungsdialog

1.
- De segundo plato le recomiendo la carne de cordero al horno.
- No, no, la carne no me gusta mucho. ¿No tienen pescado?

2.
- De segundo plato le recomiendo la paella de la casa.
- No, no, la paella no me gusta mucho. ¿No tienen carne?

3.
- De segundo plato le recomiendo el lenguado a la plancha.
- No, no, el pescado no me gusta mucho. ¿No tienen verduras?

4.
- De primer plato le recomiendo el gazpacho andaluz.
- No, no, el gazpacho no me gusta mucho. ¿No tienen ensalada?

5.
- De primer plato le recomiendo la sopa de ajo.
- No, no, la sopa de ajo no me gusta mucho. ¿No tienen gazpacho?

DIÁLOGO 12
Übungsdialog a

1.
- María y Juan, ¿qué os gusta hacer?
- A nosotros nos gusta ver a los amigos.

2.
- Pablo, ¿qué te gusta hacer?
- A mí me gusta ir de paseo.

3.
- Marta, ¿qué te gusta hacer?
- A mí me gusta ir al cine.

4.
- Antonio y Lola, ¿qué os gusta hacer?
- A nosotros nos gusta estar con nuestra familia.

5.
- Andrés, ¿qué te gusta hacer?
- A mí me gusta leer un libro.

Übungsdialog b

1.
- María y Juan, a vosotros no os gusta trabajar, ¿verdad?
- A nosotros sí nos gusta trabajar, pero nos gusta más ver a los amigos.

2.
- Pablo, a ti no te gusta trabajar, ¿verdad?
- A mí sí me gusta trabajar, pero me gusta más ir de paseo.

3.
- Marta, a ti no te gusta trabajar, ¿verdad?
- A mí sí me gusta trabajar, pero me gusta más ir al cine.

4.
- Antonio y Lola, a vosotros no os gusta trabajar, ¿verdad?
- A nosotros sí nos gusta trabajar, pero nos gusta más estar con nuestra familia.

5.
- Andrés, a ti no te gusta trabajar, ¿verdad?
- A mí sí me gusta trabajar, pero me gusta más leer un libro.

Ejercicios orales

1.
aquí, señora, antipático, sábado, Gómez, hijos, rápido, cero, cinco, tráfico

2.
el padre:	sopa de ajo, filete con patatas fritas, flan
la madre:	ensalada, lenguado a la plancha, flan
el hijo:	gazpacho, calamares, flan

3.

A.
- ¿Me recomienda Vd. la paella?
- Sí, le recomiendo la paella.
- ¿Tienen pescado?
- Sí, tenemos pescado.
- ¿Quiere el señor algo de postre?
- Sí, quiero algo de postre.
- ¿Vamos a dar una vuelta?
- Sí, vamos a dar una vuelta.
- ¿Están las tapas ricas en este bar?
- Sí, las tapas están ricas en este bar.

B.
- ¿Qué tomas?
- ¿Qué vas a tomar?
- Nosotros pedimos una paella.
- Nosotros vamos a pedir una paella.
- A mí me trae una cerveza.
- A mí me va a traer una cerveza.
- A mí me pone una tapa de ensaladilla.
- A mí me va a poner una tapa de ensaladilla.
- Voy a un bar.
- Voy a ir a un bar.

C.
- María hace los ejercicios.
- Yo también hago los ejercicios.
- Margarita y Juan saben inglés.
- Yo también sé inglés.
- Nosotros traemos vino.
- Yo también traigo vino.
- Mis padres salen hoy.
- Yo también salgo hoy.
- Vosotros veis la televisión.
- Yo también veo la televisión.

D.
- A mí me gusta ir de paseo.
- A nosotros nos gusta ir de paseo.
- A Amalia no le gustan los lunes.
- A ti no te gustan los lunes.
- A vosotros os gustan los caracoles.
- A ellos les gustan los caracoles.
- A nosotros no nos gusta trabajar.
- A mí no me gusta trabajar.
- A tus tíos les gusta estar con la familia.
- A sus tías les gusta estar con la familia.

CONVERSACIÓN

- Buenas tardes, señor. Aquí tiene la carta.
- Muchas gracias. ¿Me puede recomendar algo?
- Sí, los calamares están muy buenos.
- Los calamares no me gustan mucho. ¿Tienen carne?
- Sí, claro, las chuletas con patatas están exquisitas.
- Me trae las chuletas, por favor, y para beber una cerveza.
- ¿Me puede traer la cuenta, por favor?

LECCIÓN 5

DIÁLOGO 13
Übungsdialog a

1.
- ¿Tiene el Hotel Emperador balcones?
- No, no tiene balcones, pero tiene jardín, piscina y campo de tenis.

2.
- ¿Tiene el Hotel Madrid balcones?
- No, no tiene balcones, pero tiene jardín y piscina.

3.
- ¿Tiene el Hotel Playa balcones?
- No, no tiene balcones, pero tiene jardín y campo de tenis.

4.
- ¿Tiene el Hotel Principal balcones?
- Sí, tiene balcones, jardín y piscina.

Übungsdialog b

1.
- ¿Está muy lejos el Hotel Emperador del centro?
- Está más o menos a veinte minutos a pie, a diez en autobús y a cinco en coche.

2.
- ¿Está muy lejos el Hotel Emperador de la universidad?
- Está más o menos a treinta minutos a pie, a quince en autobús y a diez en coche.

3.
- ¿Está muy lejos el Hotel Emperador del Museo de Pintura?
- Está más o menos a diez minutos a pie, a cinco en autobús y a tres en coche.

4.
- ¿Está muy lejos el Hotel Emperador del bar «Los Caracoles»?
- Está más o menos a quince minutos a pie, a ocho minutos en autobús y a cuatro minutos en coche.

DIÁLOGO 14
Übungsdialog

1.
- ¿Qué desea usted?
- ¿Cuánto cuesta una habitación doble con baño?
- 60 euros.
- ¿Está incluida la cena?
- No, la cena no está incluida.

2.
- ¿Qué desea usted?
- ¿Cuánto cuesta una habitación individual con baño?

- 50 euros.
- ¿Está incluido el desayuno?
- No, el desayuno no está incluido.

3.
- ¿Qué desea usted?
- ¿Cuánto cuesta una habitación doble con ducha?
- 56 euros.
- ¿Está incluido el desayuno?
- Sí, el desayuno está incluido.

4.
- ¿Qué desea usted?
- ¿Cuánto cuesta una habitación individual con ducha?
- 47 euros.
- ¿Está incluida la cena?
- Sí, la cena está incluida.

5.
- ¿Qué desea usted?
- ¿Cuánto cuesta una habitación doble con baño?
- 72 euros.
- ¿Están incluidos el desayuno y la cena?
- El desayuno sí está incluido, pero la cena, no.

DIÁLOGO 15
Übungsdialog a

1.
- Me gustaría hablar con la señora Martínez.
- Lo siento, la señora Martínez está hablando por teléfono con un amigo.

2.
- Me gustaría hablar con la señora Martínez.
- Lo siento, la señora Martínez está tomando un café en un bar.

3.
- Me gustaría hablar con la señora Martínez.
- Lo siento, la señora Martínez está cenando en un restaurante.

4.
- Me gustaría hablar con la señora Martínez.
- Lo siento, la señora Martínez está trabajando con una compañera.

5.
- Me gustaría hablar con la señora Martínez.
- Lo siento, la señora Martínez está estudiando en la universidad.

Übungsdialog b

1.
- ¿Qué te gustaría hacer?
- Me gustaría hablar por teléfono con un amigo.

2.
- ¿Qué te gustaría hacer?
- Me gustaría tomar un café en un bar.

3.
- ¿Qué te gustaría hacer?
- Me gustaría cenar en un restaurante.

4.
- ¿Qué te gustaría hacer?
- Me gustaría trabajar con una compañera.

5.
- ¿Qué te gustaría hacer?
- Me gustaría estudiar en la universidad.

Ejercicios orales

2.

A.
- ¿Me puede dejar el pasaporte?
- Sí, puedo dejarle el pasaporte.
- ¿Se está duchando Pepe?
- Sí, Pepe está duchándose.
- ¿La queréis ver?
- Sí, queremos verla.
- ¿Se van a duchar ustedes?
- Sí, vamos a ducharnos.
- ¿Lo tienes que hacer?
- Sí, tengo que hacerlo.

B.
- ¿Te gustaría verla?
- No, no me gustaría verla.
- ¿Cuesta mucho dormir aquí?
- No, no cuesta mucho dormir aquí.
- ¿Tienen Vds. habitaciones libres?
- No, no tenemos habitaciones libres.
- ¿Puedes ir hoy al cine?
- No, no puedo ir hoy al cine.
- ¿Vamos a estar mucho tiempo sin agua?
- No, no vamos a estar mucho tiempo sin agua.

C.
- El señor García está hablando con su mujer.
- La señora Rodríguez está trabajando en una escuela.
- Nosotros estamos aprendiendo español.
- Vosotros estáis escribiendo una carta.
- Yo estoy viendo la televisión.

D.
- Nosotros podemos hacerlo.
- Ellos pueden hacerlo.
- Él duerme hoy aquí.
- Vosotros dormís hoy aquí.
- Vuelvo en seguida.

- Ella vuelve en seguida.
- El libro cuesta mucho.
- Los libros cuestan mucho.
- Queremos un vaso de agua.
- Yo quiero un vaso de agua.

CONVERSACIÓN

- Buenas noches, ¿tienen habitaciones libres?
- Sí, señor, todavía nos quedan algunas libres.
- ¿Cuánto cuesta una habitación doble con baño?
- Una habitación doble con baño cuesta 82 euros.
- ¿Está incluido el desayuno?
- Sí, el desayuno está incluido.
- ¿A qué hora es el desayuno?
- El desayuno es de 7:30 a 10.
- ¿Tengo que dejar aquí el pasaporte?
- Sí, por favor. Aquí tiene Vd. la llave; es la habitación 14.

LECCIÓN 6

DIÁLOGO 16

Übungsdialog

1.
- ¿A qué hora se ha levantado usted hoy?
- Me he levantado a las ocho de la mañana.

2.
- ¿Ha desayunado usted hoy en casa?
- No, he desayunado en el bar «La Tortilla».

3.
- ¿Qué horario de trabajo tiene usted?
- Por la mañana trabajo de nueve a una y por la tarde de cuatro a ocho.

4.
- ¿Ha almorzado usted hoy en casa?
- Sí, he almorzado en casa.

5.
- ¿Ha cenado usted hoy en casa?
- No, he cenado en el restaurante «La Flor».

6.
- ¿Ha trabajado usted hoy mucho?
- Sí, he trabajado mucho.

DIÁLOGO 17

Übungsdialog a

1.
- Ha sido un día larguísimo, estoy cansadísima.
- Pobrecita, ni siquiera has tenido tiempo de almorzar.

2.
- Ha sido un día larguísimo, estoy cansadísimo.
- Pobrecito, ni siquiera has tenido tiempo de ver a la familia.

3.
- Ha sido un día larguísimo, estoy cansadísimo.
- Pobrecito, ni siquiera has tenido tiempo de desayunar.

4.
- Ha sido un día larguísimo, estoy cansadísima.
- Pobrecita, ni siquiera has tenido tiempo de dormir la siesta.

5.
- Ha sido un día larguísimo, estoy cansadísimo.
- Pobrecito, ni siquiera has tenido tiempo de cenar.

Übungsdialog b

1.
- ¿Le has dicho a María que quieres almorzar?
- Sí, se lo he dicho.

2.
- ¿Le has dicho a Pedro que quieres ver a la familia?
- Sí, se lo he dicho.

3.
- ¿Le has dicho a Ángel que quieres desayunar?
- Sí, se lo he dicho.

4.
- ¿Le has dicho a Isabel que quieres dormir la siesta?
- Sí, se lo he dicho.

5.
- ¿Le has dicho a Alfonso que quieres cenar?
- Sí, se lo he dicho.

DIÁLOGO 18
Übungsdialog a

1.
- ¿Estudia Marcos en la universidad?
- Sí, sigue estudiando en la universidad.

2.
- ¿Trabaja Manolo en un bar?
- Sí, sigue trabajando en un bar.

3.
- ¿Vive Rosa en Alemania?
- Sí, sigue viviendo en Alemania.

4.
- ¿Sale tu hermano todas las noches?
- Sí, sigue saliendo todas las noches.

5.
- ¿Compra Juan todavía en ese supermercado?
- Sí, sigue comprando en ese supermercado.

Übungsdialog b

1.
- Me han ascendido de puesto.
- ¡Enhorabuena!

2.
- ¡Feliz cumpleaños!
- Muchas gracias.

3.
- Esto hay que celebrarlo. ¡A tu salud!
- ¡Salud!

4.
- Hoy es mi cumpleaños.
- ¡Felicidades!

5.
- ¿Te han regalado muchas cosas?
- Sí, me han regalado muchas.

Ejercicios orales

1.
Regelmäßig: 1, 3, 4, 7, 9
Unregelmäßig: 2, 5, 6, 8, 10

2.
Pablo: sí, sí, sí
Marta: no, sí, no
Eva: sí, sí, no
Rafael: no, no, sí

3.

A.
- ¿Os habéis levantado temprano?
- Sí, nos hemos levantado temprano.
- ¿Has desayunado en casa?
- Sí, he desayunado en casa.
- ¿Han almorzado tus hermanos en casa?
- Sí, mis hermanos han almorzado en casa.
- ¿Está Juan agotado?
- Sí, Juan está agotado.
- ¿Está Marta agotada?
- Sí, Marta está agotada.

B.
- ¿Se lo has dicho al jefe?
- No, no se lo he dicho al jefe.
- ¿Han escrito Vds. la carta?
- No, no hemos escrito la carta.
- ¿La habéis visto?
- No, no la hemos visto.
- ¿Ha hecho tu hijo los ejercicios?
- No, mi hijo no ha hecho los ejercicios.
- ¿Han vuelto tus amigos?
- No, mis amigos no han vuelto.

C.
- ¿Vives todavía en Málaga?
- Sí, sigo viviendo en Málaga.
- ¿Está corrigiendo el profesor todavía los ejercicios?
- Sí, el profesor sigue corrigiendo los ejercicios.
- ¿Estudiáis todavía en la universidad?
- Sí, seguimos estudiando en la universidad.
- ¿Están hablando tus compañeros todavía con el jefe?
- Sí, mis compañeros siguen hablando con el jefe.
- ¿Trabaja Jorge todavía en ese colegio?
- Sí, Jorge sigue trabajando en ese colegio.

D.
- No está hecha la comida.
- Hay que hacer la comida.
- No hemos escrito la carta.
- Hay que escribir la carta.
- No se lo hemos dicho al jefe.
- Hay que decírselo al jefe.
- No han hecho los ejercicios.
- Hay que hacer los ejercicios.
- No hemos comprado el pan.
- Hay que comprar el pan.

CONVERSACIÓN

- ¿A qué hora se ha levantado Vd. hoy?
- Me he levantado a las seis de la mañana.
- ¿Ha desayunado Vd. en casa?
- No, he desayunado en un bar.
- ¿Ha leído Vd. el periódico hoy?
- No, no he tenido tiempo.
- ¿Almuerza Vd. normalmente en casa?
- Sí, normalmente almuerzo en casa.
- ¿Cuándo ha tenido la última vez vacaciones?
- El verano pasado.
- ¿Ha trabajado Vd. hoy mucho?
- Sí, he trabajado muchísimo y estoy agotado.

LECCIÓN 7

DIÁLOGO 19
Übungsdialog a

1.
- ¿Adónde te gustaría ir este año de vacaciones?
- Bueno, podríamos alquilar un apartamento en la playa.

2.
- ¿Adónde te gustaría ir este año de vacaciones?

- ◆ Bueno, podríamos alquilar una casita en el campo.

3.
- ■ ¿Adónde te gustaría ir este año de vacaciones?
- ◆ Bueno, podríamos salir de España.

4.
- ■ ¿Adónde te gustaría ir este año de vacaciones?
- ◆ Bueno, podríamos hacer un viaje al extranjero.

5.
- ■ ¿Adónde te gustaría ir este año de vacaciones?
- ◆ Bueno, podríamos ir a Latinoamérica.

Übungsdialog b

1.
- ■ Este año podríamos ir a París de vacaciones.
- ◆ Ni hablar. Este año me gustaría alquilar un apartamento en la playa.

2.
- ■ Este año podríamos alquilar un apartamento en la playa.
- ◆ Ni hablar. Este año me gustaría alquilar una casita en el campo.

3.
- ■ Este año podríamos alquilar una casita en el campo.
- ◆ Ni hablar. Este año me gustaría salir de España.

4.
- ■ Este año podríamos ir a Madrid de vacaciones.
- ◆ Ni hablar. Este año me gustaría hacer un viaje al extranjero.

5.
- ■ Este año podríamos ir a Alemania de vacaciones.
- ◆ Ni hablar. Este año me gustaría ir a Latinoamérica.

DIÁLOGO 20
Übungsdialog a

1.
- ■ ¿Dónde se alojarán Pablo y María?
- ◆ Pablo y María se alojarán en un hotel.

2.
- ■ ¿Qué país visitará Alberto?
- ◆ Alberto visitará Perú.

3.
- ■ ¿Dónde comerán Antonio y Juan?
- ◆ Antonio y Juan comerán en un restaurante.

4.
- ■ ¿Cómo se desplazará Peter?
- ◆ Peter se desplazará en autobús.

5.
- ■ ¿Quién acompañará a Lola y Carmen?
- ◆ Un guía acompañará a Lola y Carmen.

Übungsdialog b

1.
- ■ ¿Qué les interesa a Plablo y María?
- ◆ A Pablo y María les interesa la cultura inca.

2.
- ■ ¿Qué le interesa a Alberto?
- ◆ A Alberto le interesan las culturas precolombinas.

3.
- ¿Qué les interesa a Antonio y Juan?
- A Antonio y Juan les interesan los museos.

4.
- ¿Qué le interesa a Peter?
- A Peter le interesa la lengua española.

5.
- ¿Qué les interesa a Lola y Carmen?
- A Lola y Carmen les interesa el Machu Picchu.

DIÁLOGO 21
Übungsdialog

1.
- ¿Tienes mis llaves?
- ¿Tus llaves? Aquí están las mías, pero las tuyas … Sí, las tuyas también están aquí.

2.
- ¿Tienes mi pasaporte?
- ¿Tu pasaporte? Aquí está el mío, pero el tuyo … Sí, el tuyo también está aquí.

3.
- ¿Tienes mis libros?
- ¿Tus libros? Aquí están los míos, pero los tuyos … Sí, los tuyos también están aquí.

4.
- ¿Tienes mi maleta?
- ¿Tu maleta? Aquí está la mía, pero la tuya … Sí, la tuya también está aquí.

5.
- ¿Tienes mi billete?
- ¿Tu billete? Aquí está el mío, pero el tuyo … Sí, el tuyo también está aquí.

Ejercicios orales

1.

en el restaurante: 3
en el aeropuerto: 1
en la agencia de viajes: 4
en el hotel: 5
en el trabajo: 2

2.

¿Vas a ir este año de vacaciones a la playa?: 5
¿Cómo nos desplazaremos de un sitio a otro?: 2
¿Dónde nos alojaremos?: 4
¿Por dónde tenemos que embarcar?: 1
¿Tienes mi pasaporte?: 3

3.

Gegenwart: 2, 7, 9
Zukunft: 1, 4, 10
Perfekt: 3, 5, 6, 8

4.
A.
- ¿Te gustaría ir a la playa?
- Sí, me gustaría ir a la playa.
- ¿Os costaría eso mucho dinero?
- Sí, nos costaría mucho dinero.
- ¿Visitaréis Perú este verano?
- Sí, visitaremos Perú este verano.
- ¿Te alojarás en buenos hoteles?
- Sí, me alojaré en buenos hoteles.
- ¿Se desplazará Vd. en autobús?
- Sí, me desplazaré en autobús.

B.
- ¿Me acompañarás?
- No, no te acompañaré.
- ¿Conoces el norte de España?
- No, no conozco el norte de España.
- ¿Les gustaría a ustedes ir a Perú?
- No, no nos gustaría ir a Perú.
- ¿Se incluye en el viaje un recorrido por todo el país?

- ◆ No, no se incluye en el viaje un recorrido por todo el país.
- ■ ¿Haréis los ejercicios?
- ◆ No, no haremos los ejercicios.

C.
- ■ Tenéis que comer más.
- ◆ Comed más.
- ■ Tienes que venir.
- ◆ Ven.
- ■ Tenéis que conducir con cuidado.
- ◆ Conducid con cuidado.
- ■ Tienes que hablar menos.
- ◆ Habla menos.
- ■ Tenéis que embarcar por la puerta número 7.
- ◆ Embarcad por la puerta número 7.

D.
- ■ Ésta es la tuya.
- ◆ Éstos son los tuyos.
- ■ Éste es el mío.
- ◆ Éstas son las mías.
- ■ Ése es el vuestro.
- ◆ Ésa es la vuestra.
- ■ Ésas son las nuestras.
- ◆ Ésos son los nuestros.
- ■ Esa maleta es la suya.
- ◆ Ese coche es el suyo.

CONVERSACIÓN

- ◆ ¿Adónde le gustaría ir de vacaciones?
- ■ Pues no sé, a lo mejor me puede recomendar Vd. algún sitio.
- ◆ ¿Le gustaría conocer otro país?
- ■ ¡Huy, no! Sólo sé hablar español.
- ◆ Podría hacer un viaje por el norte de España.
- ■ Ya conozco el norte de España.
- ◆ Entonces podría alquilar un apartamento en la playa.
- ■ No, no, la playa no me gusta nada.
- ◆ ¿Le gusta el campo?
- ■ Sí, el campo me gusta mucho.
- ◆ Entonces podría alquilar una casita en el campo.
- ■ Sí, es una buena idea.

LECCIÓN 8

DIÁLOGO 22
Übungsdialog

1.
- ◆ ¿Me puede decir, por favor, a qué hora salen los trenes para Madrid?
- ■ Hay un tren que sale a las 9 de la mañana y otro que sale a las 15:30.
- ◆ ¿Y a qué hora llega a Madrid el tren de las 9?
- ■ Llega a las 11:30.

2.
- ◆ ¿Me puede decir, por favor, a qué hora salen los trenes para Córdoba?
- ■ Hay un tren que sale a las 8 de la mañana y otro a las 13:30.
- ◆ ¿Y a qué hora llega a Córdoba el tren de las 13:30?
- ■ Llega a las 15:25.

3.
- ◆ ¿Me puede decir, por favor, a qué hora salen los trenes para Bilbao?
- ■ Hay un tren que sale a las 10 de la mañana y otro a las 18:45.
- ◆ ¿Y a qué hora llega a Bilbao el tren de las 18:45?
- ■ Llega a las 21:15.

4.
- ◆ ¿Me puede decir, por favor, a qué hora salen los trenes para La Coruña?
- ■ Hay un tren que sale a las 12:33 y otro a las 19:13.

- ¿Y a qué hora llega a La Coruña el tren de las 12:33?
- Llega a las 14:20.

5.
- ¿Me puede decir, por favor, a qué hora salen los trenes para Valencia?
- Hay un tren que sale a las 16:25 y otro a las 21:50.
- ¿Y a qué hora llega a Valencia el tren de las 21:50?
- Llega a las 23:45.

6.
- ¿Me puede decir, por favor, a qué hora salen los trenes para Almería?
- Hay un tren que sale a las 8 de la mañana y otro a las 17:10.
- ¿Y a qué hora llega a Almería el tren de las 8?
- Llega a las 12:35.

DIÁLOGO 23
Übungsdialog a

1.
- ¿Compramos la casa?
- Sí, compradla.

2.
- ¿Alquilo el piso?
- Sí, alquílalo.

3.
- ¿Visito a tus amigas?
- Sí, visítalas.

4.
- ¿Leo los libros?
- Sí, léelos.

5.
- ¿Estudiamos la lección?
- Sí, estudiadla.

Übungsdialog b

1.
- ¿Compramos la casa?
- Sí, cómprenla.

2.
- ¿Alquilo el piso?
- Sí, alquílelo.

3.
- ¿Visito a tus amigas?
- Sí, visítelas.

4.
- ¿Leo los libros?
- Sí, léalos.

5.
- ¿Estudiamos la lección?
- Sí, estúdienla.

DIÁLOGO 24
Übungsdialog a

1.
- ¿Has leído el periódico?
- Sí, lo acabo de leer.

2.
- ¿Has comprado el pan?
- Sí, lo acabo de comprar.

3.
- ¿Has leído la revista?
- Sí, la acabo de leer.

4.
- ¿Has estudiado la lección?
- Sí, la acabo de estudiar.

5.
- ¿Has pedido un vaso de vino?
- Sí, lo acabo de pedir.

Übungsdialog b

1.
- ¿Has leído el periódico?
- Sí, pero lo volveré a leer.

2.
- ¿Has comprado el pan?
- Sí, pero lo volveré a comprar.

3.
- ¿Has leído la revista?
- Sí, pero la volveré a leer.

4.
- ¿Has estudiado la lección?
- Sí, pero la volveré a estudiar.

5.
- ¿Has pedido un vaso de vino?
- Sí, pero lo volveré a pedir.

Ejercicios orales

1.

	bejaht	verneint
2. Person Einzahl:	2	6
3. Person Einzahl:	9	3
1. Person Mehrzahl:	7	5
2. Person Mehrzahl:	1	10
3. Person Mehrzahl:	8	4

2.

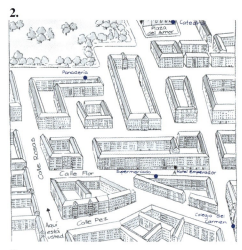

3.

A.
- ¿Son todos los trenes directos?
- Sí, todos los trenes son directos.
- ¿Quiere Vd. un billete de ida y vuelta?
- Sí, quiero un billete de ida y vuelta.
- ¿Están esos asientos ocupados?
- Sí, esos asientos están ocupados.
- ¿Ven Vds. aquella casa de allí lejos?
- Sí, vemos aquella casa de allí lejos.
- ¿Reservó Marta ayer los asientos?
- Sí, Marta reservó ayer los asientos.

B.
- ¿Sale el AVE por el andén número 7?
- No, el Ave no sale por el andén número 7.
- ¿Ha llamado el señor López al revisor?
- No, el señor López no ha llamado al revisor.
- ¿Sabe Vd. dónde está la calle de los Herreros?
- No, no sé dónde está la calle de los Herreros.
- ¿Habló Vd. ayer con su abuela?
- No, ayer no hablé con mi abuela.
- ¿Reservaste ayer los asientos?
- No, ayer no reservé los asientos.

C.
- Subid al tren.
- No subáis al tren.
- Ven.
- No vengas.
- Compre Vd. la casa.
- No compre Vd. la casa.
- Escriban la carta.
- No escriban la carta.
- Bébete la cerveza.
- No te bebas la cerveza.

D.
- El billete de ida y vuelta cuesta 118 euros.
- ¿Cuánto cuesta el billete de ida y vuelta?
- El tren sale por el andén número 8.
- ¿Por qué andén sale el tren?
- Sí, me suelo levantar temprano, ¿y usted?
- ¿Se suele levantar Vd. temprano?
- Sí, mi hijo ha vuelto a ir a Madrid.
- ¿Ha vuelto su hijo a ir a Madrid?
- Esa señora es mi tía.
- ¿Quién es esa señora?

CONVERSACIÓN

- Buenos días. ¿En qué puedo servirle?
- ¿Me puede decir, por favor, a qué hora salen los trenes para Barcelona?
- Bueno, sólo hay un tren para Barcelona que sale a las 9 de la mañana.
- ¿A qué hora llega ese tren a Barcelona?
- Llega a las 11 a Barcelona.
- ¿Cuánto cuesta un billete de ida y vuelta?
- Un billete de ida y vuelta cuesta 37 euros.
- Déme Vd., por favor, un billete de ida y vuelta.
- ¿Le reservo un asiento?
- Sí, resérveme un asiento en un compartimento para fumadores.

LECCIÓN 9

DIÁLOGO 25
Übungsdialog a

1.
- ¿Adónde fuisteis ayer?
- Ayer fuimos a Toledo.

2.
- ¿Dónde estuviste ayer?
- Ayer estuve en casa de Mónica.

3.
- ¿Dónde comió tu marido ayer?
- Ayer mi marido comió en casa de sus padres.

4.
- ¿A qué hora volvieron ayer Manolo y Concha?
- Ayer Manolo y Concha volvieron a las once de la noche.

5.
- ¿Qué hicisteis tu hijo y tú ayer?
- Ayer mi hijo y yo compramos muchas cosas.

Übungsdialog b

1.
- La catedral es muy bonita.
- Sí, pero la sinagoga es más bonita que la catedral.

2.
- Paco es muy guapo.
- Sí, pero Antonio es más guapo que Paco.

3.
- Mercedes es muy alta.
- Sí, pero Nuria es más alta que Mercedes.

4.
- Tu marido es muy inteligente.
- Sí, pero mis hijos son más inteligentes que mi marido.

5.
- Mi casa es muy cara.
- Sí, pero mi piso es más caro que tu casa.

DIÁLOGO 26
Übungsdialog

1.
- Por favor, ¿me podría enseñar esos pantalones que tiene en el escaparate?
- ¿Cuáles? ¿Los que valen 50 euros?
- No, los que valen 45 euros.

2.
- Por favor, ¿me podría enseñar esa chaqueta que tiene en el escaparate?
- ¿Cuál? ¿La que vale 190 euros?
- No, la que vale ciento setenta euros.

3.
- Por favor, ¿me podría enseñar esa camisa que tiene en el escaparate?
- ¿Cuál? ¿La que vale 30 euros?
- No, la que vale cuarenta euros.

4.
- Por favor, ¿me podría enseñar esa falda que tiene en el escaparate?
- ¿Cuál? ¿La que vale 83 euros?
- No, la que vale setenta y nueve euros.

5.
- Por favor, ¿me podría enseñar ese vestido que tiene en el escaparate?
- ¿Cuál? ¿El que vale 93 euros?
- No, el que vale noventa y ocho euros.

6.
- Por favor, ¿me podría enseñar esos zapatos que tiene en el escaparate?
- ¿Cuáles? ¿Los que valen 77 euros?
- No, los que valen sesenta y siete euros.

DIÁLOGO 27
Übungsdialog a

1.
- ¿Qué le pasa a María?
- A María le duele la cabeza.

2.
- ¿Qué les pasa a Andrés y Lola?
- A Andrés y Lola les duele el oído.

3.
- ¿Qué os pasa a vosotros?
- A nosotros nos duele el estómago.

4.
- ¿Qué les pasa a ellos?
- A ellos les duele la barriga.

5.
- ¿Qué le pasa a tu abuela?
- A mi abuela le duelen los pies.

Übungsdialog b

1.
- Usted tiene una camisa blanca y otra negra, ¿verdad?
- No, yo no tengo ni una camisa blanca ni una negra.

2.
- Don Pedro tiene un coche azul y otro rojo, ¿verdad?
- No, don Pedro no tiene ni un coche azul ni uno rojo.

3.
- Mercedes tiene unos pantalones amarillos y otros verdes, ¿verdad?
- No, Mercedes no tiene ni unos pantalones amarillos ni unos verdes.

4.
- Ellos tienen una chaqueta marrón y otra gris, ¿verdad?
- No, ellos no tienen ni una chaqueta marrón ni una gris.

5.
- Vosotros tenéis unos zapatos naranja y otros lila, ¿verdad?
- No, nosotros no tenemos ni unos zapatos naranja ni unos lila.

Ejercicios orales

1.
una blusa: 3
un jersey: 6
un abrigo: 1
un pijama: 2
unos calcetines: 5
una corbata: 4

2.
coche › rojo
casa › blanco
vestido › negro
libro › azul
lámpara › amarillo
puerta › verde

3.
Regelmäßig: 3, 5, 6, 8, 9
Unregelmäßig: 1, 2, 4, 7, 10

4.
A.
- ¿Se levanta uno temprano aquí?
- Sí, aquí se levanta uno temprano.
- ¿Andan Vds. con frecuencia?
- Sí, andamos con frecuencia.
- ¿Os duelen las piernas?
- Sí, nos duelen las piernas.
- ¿Te duele la cabeza?
- Sí, me duele la cabeza.
- ¿Le queda a usted bien la blusa?
- Sí, me queda bien la blusa.

B.
- ¿Estuvisteis ayer en Toledo?
- No, ayer no estuvimos en Toledo.
- ¿Estuviste hace dos años en Toledo?
- No, no estuve hace dos años en Toledo.
- ¿Les interesa a tus hijos el arte?
- No, a mis hijos no les interesa el arte.
- ¿Es el jueves tu cumpleaños?
- No, el jueves no es mi cumpleaños.
- ¿Tiene Vd. agujetas?
- No, no tengo agujetas.

C.
- Yo no pude ir.
- Nosotros no pudimos ir.
- Mis padres vinieron ayer.
- Lola vino ayer.
- Vosotros me dijisteis la verdad.
- Ellos me dijeron la verdad.
- Yo pedí un café.
- Tú pediste un café.
- Nosotros condujimos con cuidado.
- Yo conduje con cuidado.

D.
- Sí, María trabaja tan bien como yo.
- ¿Trabaja María tan bien como tú?
- Sí, Manuel come tanto como Juan.

- ◆ ¿Come Manuel tanto como Juan?
- ■ Sí, Andrea es más inteligente que Andrés.
- ◆ ¿Es Andrea más inteligente que Andrés?
- ■ Sí, tu marido duerme menos que mi marido.
- ◆ ¿Duerme mi marido menos que tu marido?
- ■ Sí, ya han gastado más de la mitad.
- ◆ ¿Han gastado ya más de la mitad?

CONVERSACIÓN

- ■ Buenos días, ¿le puedo ayudar en algo?
- ◆ Por favor, ¿me puede enseñar ese vestido azul que tiene en el escaparate?
- ■ ¿Cuál? ¿El que vale 147 euros?
- ◆ No, el que vale 153 euros.
- ■ ¿Qué talla tiene usted?
- ◆ Tengo la talla 42.
- ■ ¿Se lo quiere probar Vd.?
- ◆ Sí, ¿dónde están los probadores?
- ■ Están allí al fondo.
- ■ ¿Le queda bien?
- ◆ Sí, me lo llevo.

LECCIÓN 10

DIÁLOGO 28
Übungsdialog

1.
- ■ ¿Qué edad tenía cuando se vino a vivir a Huelva?
- ◆ Tenía doce años cuando me vine a vivir a Huelva.

2.
- ■ ¿Qué edad tenía cuando conoció a su mujer?
- ◆ Tenía dieciocho años cuando conocí a mi mujer.

3.
- ■ ¿Qué edad tenía cuando fue la primera vez a Alemania?
- ◆ Tenía veinte años cuando fui la primera vez a Alemania.

4.
- ■ ¿Qué edad tenía cuando consiguió su primer trabajo?
- ◆ Tenía veintitrés años cuando conseguí mi primer trabajo.

5.
- ■ ¿Qué edad tenía cuando se murió su abuela?
- ◆ Tenía veinticinco años cuando se murió mi abuela.

6.
- ■ ¿Qué edad tenía cuando se casó?
- ◆ Tenía veintiocho años cuando me casé.

DIÁLOGO 29
Übungsdialog a

1.
- ■ Ahora hay coches por todos lados.
- ◆ ¿No había coches en su época?

2.
- ■ Ahora fuman las mujeres.
- ◆ ¿No fumaban las mujeres en su época?

3.
- ■ Ahora no se puede pasear por ningún lado.
- ◆ ¿Se podía pasear en su época?

4.
- ■ Ahora no se respeta a las personas mayores.
- ◆ ¿Se respetaba a las personas mayores en su época?

5.
- Ahora la gente no escribe cartas.
- ¿Escribía la gente cartas en su época?

Übungsdialog b

1.
- ¿Qué les ha pasado a Pablo y Raquel?
- ¡Pues que por poco los atropella un coche!

2.
- ¿Qué os ha pasado?
- ¡Pues que por poco perdemos el tren!

3.
- ¿Qué te ha pasado?
- ¡Pues que por poco suspendo un examen!

4.
- ¿Qué le ha pasado a Marisa?
- ¡Pues que por poco tiene un accidente!

5.
- ¿Qué le ha pasado a Daniel?
- ¡Pues que por poco se cae de una silla!

DIÁLOGO 30
Übungsdialog a

1.
- ¿En qué parada debo bajarme?
- Debes bajarte en correos y allí coger el cinco que te deja en la universidad.

2.
- ¿En qué parada debemos bajarnos?
- Debéis bajaros en la calle Donoso y allí coger el cuarenta y cinco que os deja en el centro.

3.
- ¿En qué parada debo bajarme?
- Debe bajarse en la Plaza Mayor y allí coger el veintitrés que lo deja en la puerta del cine.

4.
- ¿En qué parada debemos bajarnos?
- Deben bajarse en la universidad y allí coger el diecisiete que los deja en la estación de trenes.

5.
- ¿En qué parada debemos bajarnos?
- Debemos bajarnos en el ayuntamiento y allí coger el treinta y uno que nos deja en el teatro.

Übungsdialog b

1.
- ¿Y te comiste una tarta entera?
- Sí, realmente no me había comido nunca antes una tarta entera.

2.
- ¿Y conociste a don Eduardo?
- Sí, realmente no había conocido nunca antes a un hombre así.

3.
- ¿Y viste una película de Pedro Almodóvar?
- Sí, realmente no había visto nunca antes una película de Pedro Almodóvar.

4.
- ¿Y fuiste al fútbol?
- Sí, realmente no había ido nunca antes al fútbol.

5.
- ¿Y leíste ese libro tan extraño?
- Sí, realmente no había leído nunca antes un libro así.

Ejercicios orales

1.
En un autobús: 1, 3
En un taxi: 2, 6
En la calle: 4, 5

2.
Don Eduardo: 1
La señora Cortés: 2
Doña Antonia: 3
El señor Luís Cifuentes: 4
El señor Maldonado: 5
La señora Juana Costa: 6

3.
A.
- ¿Ayudaba Vd. a su madre en la casa?
- Sí, ayudaba a mi madre en la casa.
- ¿Había coches cuando Vd. era pequeño?
- Sí, había coches cuando yo era pequeño.
- ¿Ha cambiado mucho la vida de las mujeres?
- Sí, la vida de las mujeres ha cambiado mucho.
- ¿Conducen ellos con prudencia?
- Sí, ellos conducen con prudencia.
- ¿Habéis cogido un taxi?
- Sí, hemos cogido un taxi.

B.
- ¿Le había pasado eso antes?
- No, no me había pasado eso antes.
- ¿Lo han hecho por escrito?
- No, no lo han hecho por escrito.
- ¿Me lo compras por 20 euros?
- No, no te lo compro por 20 euros.
- ¿Es mucho trabajo para él?
- No, no es mucho trabajo para él.
- ¿Tendréis el trabajo terminado para el lunes?
- No, no tendremos el trabajo terminado para el lunes.

C.
- Me levantaba temprano.
- Un día me levanté temprano.
- Vosotros ayudabais a vuestros padres.
- Un día vosotros ayudasteis a vuestros padres.
- Nuria iba al colegio.
- Un día Nuria fue al colegio.
- k
- Un día mis padres me dieron una paliza enorme.
- A nosotros nos gustaba la comida.
- Aquel día a nosotros nos gustó la comida.

D.
- Sí, somos los más trabajadores de todos.
- ¿Son ustedes los más trabajadores de todos?
- No, no es el libro más interesante que conozco.
- ¿Es el libro más interesante que conoce?
- Sí, es lo peor que he oído.
- ¿Es lo peor que ha oído?
- Sí, soy el menor de ocho hermanos.
- ¿Es Vd. el menor de ocho hermanos?
- No, no somos los más rápidos de todos.
- ¿Son Vds. los más rápidos de todos?

CONVERSACIÓN

- ¿Dónde vivía Vd. cuando era pequeña?
- Vivía en Córdoba con mis padres.
- ¿Tenía Vd. muchos amigos?
- Sí, tenía muchos amiguitos que venían a mi casa a jugar.
- ¿Se levantaba Vd. muy temprano?
- Sí, me tenía que levantar muy temprano para ir al colegio.
- ¿Le gustaba a Vd. ir al colegio?
- Sí, me gustaba muchísimo ir al colegio.
- ¿Cuándo se vino Vd. a vivir a Madrid?
- Me vine a vivir aquí hace treinta años.

Die Zahl in Klammern verweist auf die *Lección*, in der das Wort zum ersten Mal erscheint. Das Geschlecht der Hauptwörter ist mit *m.* (*männlich*) und *f.* (*weiblich*) angegeben, *pl.* bedeutet Plural (Mehrzahl), *sing.* Singular (Einzahl).

A

a   nach, zu (2)
a finales de (mayo)   Ende (Mai) (6)
a la derecha   rechts (8)
a la izquierda   links (8)
a la plancha   gegrillt (4)
a partir de   ab (8)
a principios de (mayo)   Anfang (Mai) (6)
a veces   manchmal (10)
abajo   unten (3)
abrevadero *m.*   Viehtränke (10)
abrigo *m.*   Mantel (9)
abril *m.*   April (6)
abrir   öffnen (6)
abuela *f.*   Großmutter (2)
abuelo *m.*   Großvater (2)
abuelos *m.pl.*   Großväter; Großeltern (2)
aburrimiento *m.*   Langeweile (7)
acá   hier (8)
acabar de   soeben getan haben (7)
acalorado   abgehetzt (10)
accidente *m.*   Unfall (10)
aceituna *f.*   Olive (4)
acelerar   Gas geben, beschleunigen (10)
acompañar   begleiten (7)
acordarse de   sich erinnern an (6)
acostumbrado   gewöhnt (9)
actual   aktuell, heutig (10)
acuerdo ➤ **de acuerdo**
adelantar   überholen (10)
además   außerdem (2)
¡adiós!   auf Wiedersehen! (2)
admiración *f.*   Bewunderung (10)
adónde   wohin? (7)
aeropuerto *m.*   Flughafen (7)
agencia *f.* **de viajes**   Reisebüro (7)
agosto *m.*   August (6)
agotado   erschöpft (6)

agradecer   danken (7)
agua *f.*   Wasser (5)
agujetas *f.pl.*   Muskelkater (9)
ahí   dort (4)
ahora   jetzt (5)
ahora mismo   momentan; gleich (5)
ahorros *m.pl.*   Ersparnisse (7)
ajo *m.*   Knoblauch (4)
alcázar *m.*   Burg (9)
alegrarse   sich freuen (3)
Alemania *f.*   Deutschland (1)
alemán   deutsch; Deutscher (1)
al fondo   dort hinten (9)
algo   etwas (4)
algún(-o)/alguna/algunos/algunas
   irgendein/e, *pl.* einige (5)
al horno   gebraten (4)
al lado de   neben (3)
¡allá tú!   das ist deine Sache! (8)
allí   dort (8)
almorzar   zu Mittag essen (6)
almuerzo *m.*   Mittagessen (6)
alojamiento *m.*   Unterkunft (7)
alojarse   übernachten (7)
alquilar   mieten (7)
alrededores *m.pl.*   Umgebung (10)
alto   groß; hoch (1)
amarillo   gelb (9)
amiga *f.*   Freundin (1)
amigo *m.*   Freund (1)
anciano   alt (10)
andadas ➤ **volver a las andadas**
andar   gehen (9)
¡anda!   los, komm! (7)
¡anda ya!   von wegen! (7)
andén *m.*   Bahnsteig (8)
antes   früher, vorher (8)
antes de   bevor (4)
antipático   unsympathisch (1)
año *m.*   Jahr (3)
aparcamiento *m.*   Parkplatz (10)
aparcar   parken (10)
apartamento *m.*   Appartement (7)
aprender   lernen (2)

aquel/aquella/aquellos/aquellas jene/er/es (8)
aquello jenes (8)
aquí hier (1)
arena *f.* Sand (7)
Argentina *f.* Argentinien (3)
argentino argentinisch; Argentinier (3)
arreglar reparieren, in Ordnung bringen (5)
arriba oben (8)
arroz *m.* Reis (4)
arte *m.* Kunst (9)
ascender befördern; hinaufsteigen (6)
ascenso *m.* Beförderung (6)
asegurarse sich versichern (8)
asiento *m.* Sitzplatz (7)
así so (10)
atasco *m.* Stau (10)
aterrizar landen (7)
atravesar überqueren (10)
atropellar überfahren (10)
Austria *f.* Österreich (1)
austriaco österreichisch; Österreicher (1)
autobús *m.* Bus (4)
autónomo autonom, unabhängig (1)
autopista *f.* Autobahn (10)
avión *m.* Flugzeug (5)
ayer gestern (8)
ayudar helfen (10)
ayuntamiento *m.* Rathaus (10)
azafata *f.* Stewardess (7)
azul blau (9)

B

bajada *f.* **de bandera** Grundgebühr (10)
bajar aussteigen; hinuntergehen (8)
bajo klein; niedrig (1)
balcón *m.* Balkon (3)
bandera → **bajada de bandera**
bañador *m.* Badehose (9)
baño *m.* Bad (3)
bar *m.* Kneipe (4)
barato billig (7)
barco *m.* Schiff (5)
barra *f.* Theke (4)
barriga *f.* Bauch (9)

bastante ziemlich; genug (1)
beber trinken (4)
biblioteca *f.* Bibliothek (9)
bicicleta *f.* Fahrrad (5)
bien gut (1)
billete *m.* Fahrkarte; Geldschein (8)
blanco weiß (4)
blusa *f.* Bluse (9)
boca *f.* Mund (9)
boda *f.* Heirat, Hochzeit (10)
Bolivia *f.* Bolivien (3)
boliviano bolivianisch; Bolivianer (3)
bolso *m.* Handtasche (7)
bonito hübsch, nett (7)
bonobús *m.* Streifenkarte (10)
boquerón *m.* Sardelle (4)
bota *f.* Stiefel (9)
bragas *f.pl.* Slip, Schlüpfer (9)
brazo *m.* Arm (9)
bueno gut (1)
burro *m.* Esel (10)
buscar suchen (2)

C

caballero *m.* Kavalier (6)
cabeza *f.* Kopf (9)
cada jeder (8)
caerse herunterfallen (10)
café *m.* Kaffee (5)
calamar *m.* Tintenfisch (4)
calcetines *m.pl.* Socken (9)
calor *m.* Wärme, Hitze (4)
calzoncillos *m.pl.* Unterhose (9)
callado schweigsam
calle *f.* Straße (3)
cama *f.* Bett (6)
camarera *f.* Kellnerin (1)
camarero *m.* Kellner (1)
cambiar umtauschen; eintauschen; wechseln (9, 10)
camisa *f.* Hemd (9)
camiseta *f.* Unterhemd; T-Shirt (9)
campo *m.* **de tenis** Tennisplatz (5)
cansado müde (2)
cansar(se) ermüden (9)

cantar singen (5)
capital *f.* Hauptstadt (10)
caracol *m.* Schnecke (4)
cariño Liebling (6)
carne *f.* Fleisch (4)
carné *m.* **de conducir** Führerschein (10)
carné *m.* **de identidad** Personalausweis (5)
caro teuer (9)
carretera *f.* (Land-)Straße (10)
carta *f.* Brief; Speisekarte (3, 4)
casa *f.* Haus (2)
casarse heiraten (10)
casi fast (3)
casita *f.* Häuschen (6)
catalán katalanisch; Katalane (2)
catedral *f.* Dom (3)
catedrático *m.* Professor (1)
catorce vierzehn (1)
ceder anbieten (10)
celebrar feiern (6)
cena *f.* Abendessen (5)
cenar zu Abend essen (5)
centro *m.* Zentrum (5)
cerca nah (3)
cero null (1)
cerveza *f.* Bier (4)
champaña *m.* Champagner (6)
chaqueta *f.* Jacke; Sakko (9)
chica *f.* Mädchen (1)
chico *m.* Junge (1)
Chile *m.* Chile (3)
chileno chilenisch; Chilene (3)
chocolate *m.* Schokolade (3)
chuleta *f.* Kotelett (4)
chulo eingebildet; toll, stark (9)
cien hundert (2)
cigarrillo *m.* Zigarette (8)
cinco fünf (1)
cincuenta fünfzig (2)
cine *m.* Kino (3)
ciudad *f.* Stadt (3)
claro klar; hell (1)
clase *f.* Klasse (10)
clase *f.* **preferente** erste Klasse (8)
cliente *m.* Kunde (6)

cocina *f.* Küche (3)
coche *m.* Auto (3)
coger nehmen (6)
cola f. (Warte-)Schlange (7)
colegio *m.* Schule (1)
colocar setzen, stellen, legen (8)
Colombia *f.* Kolumbien (3)
colombiano kolumbianisch; Kolumbianer (3)
comer essen (2)
cómo wie? (1)
como wie (10)
compañero *m.* Kollege, Mitarbeiter; Genosse (6)
compartimento *m.* Abteil (8)
comprar kaufen (3)
compra *f.* Kauf, Einkauf (9)
comprender verstehen (8)
comprobar feststellen (9)
comunidad *f.* Gemeinschaft (1)
con mit (2)
conducir fahren (7)
con frecuencia oft (3)
conocer kennen (lernen) (7)
con prudencia vernünftig (10)
conseguir gelingen; erlangen (10)
consulta *f.* Praxis (9)
contacto *m.* Kontakt (7)
contar erzählen; zählen (6)
contentar befriedigen, zufrieden stellen (9)
copa *f.* (Stiel-)Glas (4)
corazón *m.* Herz (9)
corbata *f.* Krawatte (9)
cordero *m.* Lamm (4)
corona Krone (5)
corral *m.* Geflügelhof (10)
corregir korrigieren (6)
correos (oficina de ~) *m.pl.* Postamt (10)
correr laufen; rennen (10)
cosa *f.* Sache (4)
costar kosten (5)
costa *f.* Küste (7)
Costa Rica *f.* Costa Rica (3)

costarricense costaricanisch; Costaricaner (3)
crecer wachsen (7)
creer glauben (3)
cruzar überqueren (8)
cuál welcher? (9)
cuándo wann? (3)
cuánto wie viel? (4)
cuarenta vierzig (2)
cuarto *m.* Zimmer (3)
cuarto vierter (8)
cuatro vier (1)
Cuba *f.* Kuba (3)
cubano kubanisch; Kubaner (3)
cubrir decken (6)
cuchara *f.* Löffel (4)
cuchillo *m.* Messer (4)
cuenta *f.* Rechnung (4)
cuerpo *m.* Körper (9)
cuesta *f.* Steigung (9)
cuidado *m.* Vorsicht (7)
cuidar achten; pflegen (9)
cultura *f.* Kultur (7)
cultural Kultur-, kulturell (9)
cumpleaños *m.* Geburtstag (6)
cumplir 40 años vierzig werden (6)
cuñada *f.* Schwägerin (2)
cuñado *m.* Schwager (2)

D

dar geben
dar una vuelta einen Spaziergang machen (4)
dar una paliza verprügeln (10)
darse prisa sich beeilen (6)
de von (1)
de acuerdo einverstanden (2)
débil schwach (9)
decidirse sich entscheiden (7)
décimo zehnter (8)
decir sagen (2)
dedicarse a sich widmen (10)
dejar lassen; dalassen (5)
delante de vor (8)
delgado dünn (1)

demasiado zu viel (7)
dependienta *f.* Verkäuferin (9)
deporte *m.* Sport (9)
derecha ➔ **a la derecha**
derecho gerade (8)
desayunar frühstücken (6)
desayuno *m.* Frühstück (5)
descambiar umtauschen (9)
desde seit (3)
desde hace seit (3)
desear wünschen (5)
despegar starten (7)
desplazarse gelangen (7)
después später; nachher (4)
de todas formas auf jeden Fall (9)
detrás de hinter (8)
día *m.* Tag (1)
diario täglich (8)
diciembre *m.* Dezember (6)
diecinueve neunzehn (1)
dieciocho achtzehn (1)
dieciséis sechzehn (1)
diecisiete siebzehn (1)
diez zehn (1)
difícil schwierig (9)
dinero *m.* Geld (5)
dios *m.* Gott (10)
dirección *f.* Adresse (6)
directo direkt (8)
director *m.* Direktor (5)
dirigirse a sich wenden an (8)
disculpar entschuldigen (8)
distinto anders (7)
doble doppelt (5)
doce zwölf (1)
doctor *m.* Doktor (9)
doler weh tun (9)
dolor *m.* Schmerz (9)
domingo *m.* Sonntag (4)
dominicano dominikanisch; Dominikaner (3)
don *m.* Herr (10)
dónde wo? (1)
doña *f.* Frau (10)
dormir schlafen (5)

dormitorio *m.* Schlafzimmer (3)
dos zwei (1)
ducha *f.* Dusche (5)
ducharse sich duschen (5)
durante während (7)

E

echar de menos vermissen (3)
edad *f.* Alter (10)
educar erziehen (10)
ejemplo *m.* Beispiel (3)
ejercicio *m.* Übung (1)
el der, die, das (1)
él er (1)
ella *f. sing.* sie (1)
ellas *f.pl.* sie (1)
ellos *m.pl.* sie (1)
embarcar an Bord gehen, einsteigen (7)
embarque → **tarjeta de embarque**
empezar anfangen (4)
empinado steil (9)
empresa *f.* Firma, Unternehmen (1)
en in, auf (1)
encantado erfreut (1)
encantar gefallen, begeistern (10)
encontrar finden (6)
encontrarse sich fühlen (9)
encuesta *f.* Umfrage (6)
enero *m.* Januar (6)
enfermo krank (9)
enfrente gegenüber (8)
enhorabuena *f.* Glückwunsch (6)
en lugar de anstatt (10)
enorme riesig (7)
en punto → **es la una en punto.**
en régimen de media pensión mit Halbpension (7)
ensalada *f.* Salat (4)
ensaladilla *f.* Kartoffelsalat (4)
en seguida sofort (4)
enseñar zeigen (9)
en su época *f.* in seiner Zeit; damals (10)
entender verstehen (4)
enterarse mitbekommen, erfahren (10)
entero ganz (10)

entonces dann (2)
entrar hineingehen (7)
entre zwischen (5)
época → **en su época**
equipaje *m.* Gepäck (7)
escala *f.* Zwischenlandung (7)
escaparate *m.* Schaufenster (9)
escribir schreiben (3)
escuela *f.* Schule (2)
ese/esa/esos/esas diese/er/es (8)
esfuerzo *m.* Anstrengung (9)
es la una en punto es ist genau ein Uhr (5)
eso das (8)
espalda *f.* Rücken (9)
España *f.* Spanien (1)
español spanisch; Spanier (1)
especialidad *f.* Spezialität (4)
especie *f.* Art (10)
esperar (er)warten; hoffen (2)
esposa *f.* Ehefrau (2)
esposo *m.* Ehemann (2)
esquina *f.* Ecke (4)
estación *f.* Jahreszeit; Bahnhof (6, 8)
estanco *m.* Tabakladen (8)
estar sein; sich befinden (2)
estar bien gut sein; in Ordnung sein (9)
estar harto de etwas satt haben (7)
estar hecho polvo fix und fertig sein (6)
estar interesado en interessiert sein an (7)
estar rico gut schmecken (4)
este/esta/estos/estas diese/er/es (8)
esto das (8)
estómago *m.* Magen (9)
estrella *f.* Stern (5)
estudiante *m./f.* Student/-in (1)
estudiar studieren; lernen (1)
estupendo toll (2)
Europa *f.* Europa (1)
europeo europäisch; Europäer (1)
exacto genau (5)
exagerar übertreiben (10)
exceso *m.* **de equipaje** Übergepäck (7)
excursión *f.* Ausflug (9)
exhaustivo gründlich (9)
exquisito ausgezeichnet (4)

extranjero *m.* Ausland; Ausländer (7)
extraño seltsam (10)

F
facturar einchecken (7)
falda *f.* Rock (9)
familia *f.* Familie (3)
farmacia *f.* Apotheke (9)
fatal mies (2)
favor *m.* Gefallen; Bitte (1)
febrero *m.* Februar (6)
¡felicidades! *f.pl.* alles Gute! (6)
feliz glücklich (6)
feo hässlich (1)
feria *f.* Jahrmarkt; Messe (10)
ferrocarril *m.* Eisenbahn (8)
fiebre *f.* Fieber (9)
fiesta *f.* Fest (6)
filete *m.* Schnitzel (4)
fin *m.* Ende (4)
físico körperlich (9)
flan *m.* Karamelpudding (4)
folleto *m.* Broschüre (7)
fondo ➙ **al fondo**
forma ➙ **de todas formas**
forma *f.* Form, Art, Weise (10)
francés französisch; Franzose (1)
Francia *f.* Frankreich (1)
frecuencia ➙ **con frecuencia**
frenar bremsen (10)
frío kalt (4)
frito frittiert (4)
fuera de außer (9)
fumador *m.* Raucher (7)
fútbol *m.* Fußball (10)

G
garaje *m.* Garage (3)
garganta *f.* Hals (9)
gastar ausgeben (9)
gazpacho *m.* andalusische kalte „Gemüsesuppe" (4)
gente *f. sing.* Leute (2)
girar abbiegen (8)
gordo dick (1)

gracias danke (1)
gracioso lustig (6)
grande groß (3)
grifo *m.* Wasserhahn (5)
gris grau (9)
grúa *f.* Abschleppwagen (10)
grupo *m.* Gruppe (7)
guapo hübsch (1)
guardia *m.* **de tráfico** Verkehrspolizist (10)
guía *m.* Reiseführer (Person) (7)
guía *f.* Reiseführer (Buch) (9)
gusto ➙ **mucho gusto**
gusto *m.* Geschmack (9)

H
haber (Hilfsverben) sein, haben (6)
habitación *f.* Zimmer (5)
hablar sprechen, reden (1)
hace vor (9)
hacer machen, tun (2)
hacer transbordo umsteigen (8)
harto ➙ **estar harto de**
hasta bis (2)
hay es gibt; es ist (3)
hermana *f.* Schwester (2)
hermano *m.* Bruder (2)
hermanos *m.pl.* Brüder; Geschwister (2)
hermoso schön (3)
hija *f.* Tochter (2)
hijo *m.* Sohn (2)
hijos *m.pl.* Söhne; Kinder (2)
historia *f.* Geschichte (9)
histórico historisch (9)
hola hallo, servus, grüß dich (1)
hombre *m.* Mann (8)
hora *f.* Stunde; Zeit (5)
horario *m.* Stundenplan; Arbeitszeiten; Fahrplan (6, 7)
horno ➙ **al horno**
hotel *m.* Hotel (5)
hoy heute (2)
huésped *m./f.* Gast (im Hotel) (5)

I

ida *f.* Hinfahrt (8)
idea *f.* Idee (2)
igual gleich (9)
igual que genau wie (3)
importancia *f.* Bedeutung; Wichtigkeit (9)
importante wichtig (3)
incluido eingeschlossen (5)
incluir einschließen (7)
incluso sogar (3)
indicar sagen; weisen (7)
individual Einzel-; individuell (5)
información *f.* Information (1)
informarse sich informieren, sich erkundigen (7)
Inglaterra *f.* England (1)
inglés englisch; Engländer (1)
inteligente intelligent (9)
interesante interessant (3)
interior → **vuelo interior**
invierno *m.* Winter (6)
ir gehen, fahren (4)
ir de compras einkaufen gehen (9)
ir de paseo spazieren gehen 4)
irónico ironisch (10)
Italia f. Italien (1)
italiano italienisch; Italiener (1)
izquierda → **a la izquierda**

J

jardín *m.* Garten (5)
jefe *m.* Chef (6)
jersey *m.* Pullover (9)
jornada *f.* **intensiva** durchgehender Arbeitstag (6)
jornada *f.* **partida** Arbeitstag mit längerer Mittagspause (6)
joven jung (2)
jueves *m.* Donnerstag (4)
jugar spielen (10)
julio *m.* Juli (6)
junio *m.* Juni (6)
juntos zusammen (2)

L

lado → **al lado de**
largo lang (6)
Latinoamérica *f.* Lateinamerika (7)
la der, die, das; *Akk.f. sing.* sie, Sie (1)
las die; *Akk.f.pl.* sie, Sie (1)
lección *f.* Kapitel (1)
le ihm, ihr, Ihnen (1)
leer lesen (2)
lejos weit (3)
lenguado *m.* Seezunge (4)
lengua *f.* Sprache; Zunge (7)
les *pl.* ihnen, Ihnen (1)
levantarse aufstehen (4)
libre frei (5)
libro *m.* Buch (2)
lila lila (9)
límite *m.* Begrenzung (10)
limón *m.* Zitrone (4)
lo ihn, es; Sie
loco verrückt; Verrückter (10)
lo mismo que dasselbe wie
los die; *Akk.m.pl.* sie, Sie (1)
luego später; dann (2)
lunes *m.* Montag (4)

LL

llamar (an)rufen (1)
llamarse heißen (1)
llave *f.* Schlüssel (5)
llegar ankommen (8)
llenar füllen (6)
llorar weinen (10)

M

madre *f.* Mutter (2)
mal schlecht (2)
maleta *f.* Koffer (7)
mami *f.* Mutti (9)
mantel *m.* Tischdecke (4)
mañana *f.* Morgen, Vormittag; morgen (4)
marido *m.* Ehemann (2)
marrón braun (9)
martes *m.* Dienstag (4)
marzo *m.* März (6)

más   mehr (2)
mayo *m.*   Mai (6)
mayor   größer; älter (10)
me   mir, mich (1)
mediano   mittlerer (9)
media pensión *f.*   Halbpension (7)
médico *m.*   Arzt (9)
mediodía *m.*   Mittag (6)
mejicano   mexikanisch; Mexikaner (3)
Méjico   Mexico (3)
mejor   besser (2)
menor   kleiner; jünger (10)
menos   weniger (5)
¡menos mal!   Gott sei Dank! (7)
mes *m.*   Monat (3)
mesa *f.*   Tisch (3)
mi/mis   mein (1)
miércoles *m.*   Mittwoch (4)
mil   tausend (5)
millón *m.*   Million (5)
minuto *m.*   Minute (3)
mío   mein (7)
mirar   anschauen (7)
mismo ➜ **ahora mismo**
mismo ➜ **lo mismo que**
mitad *f.*   Hälfte (9)
moda *f.*   Mode (9)
molestarse   sich die Mühe machen (6)
monumento *m.*   Sehenswürdigkeit; Bauwerk (3, 9)
moreno   dunkelhaarig (1)
morir   sterben (6)
morirse   sterben (10)
morirse de   sterben vor (7)
mostrador *m.*   Theke; Schalter (4, 7)
movimiento *m.*   Bewegung (9)
mucho   viel (1)
mucho gusto   freut mich (2)
muerto   gestorben, tot (10)
mujer *f.*   Frau, Ehefrau (1)
multa *f.*   Strafzettel (10)
músculo *m.*   Muskel (9)
museo *m.*   Museum (3)
muy   sehr (1)

N

nacer   geboren werden (8)
nacional   national; inländisch (8)
nadar   schwimmen (2)
nadie   niemand (1)
naranja *f.*   Orange; orange (4, 9)
nariz *f.*   Nase (9)
necesitar   brauchen (6)
negativo   negativ (10)
negro   schwarz (9)
nervioso   nervös (8)
¡ni hablar!   kommt nicht in Frage! (7)
ni … ni   weder … noch (9)
ni siquiera   nicht einmal (6)
niño *m.*   Kind (2)
noche *f.*   Nacht (1)
normalmente   normalerweise (6)
norte *m.*   Nord (7)
nos   uns (1)
nosotros/nosotras   wir (1)
noveno   neunter (8)
noventa   neunzig (2)
noviembre *m.*   November (6)
nuera *f.*   Schwiegertochter (2)
nuestro/nuestra/nuestros/nuestras   unser (2)
nueve   neun (1)
número *m.*   Nummer (1)
nunca   nie (3)

O

o   oder (3)
obedecer   gehorchen (7)
octavo   achter (8)
octubre *m.*   Oktober (6)
ocupado   besetzt (8)
ochenta   achtzig (2)
ocho   acht (1)
oferta *f.*   (Sonder-)Angebot (5, 7)
oficina *f.*   Büro (3)
ofrecer   anbieten (7)
oído *m.*   (inneres) Ohr; Gehör (9)
oír   hören (1)
ojo *m.*   Auge (9)
olvidar   vergessen (10)

once   elf (1)
optimismo *m.*   Optimismus (10)
oral   mündlich (1)
oreja *f.*   (äußeres) Ohr (9)
os   euch (1)
otoño *m.*   Herbst (6)
otro   ein anderer (4)

P

padre *m.*   Vater (1)
padres *m.pl.*   Väter; Eltern (2)
paella *f.*   Paella (4)
país *m.*   Land (7)
País *m.* **Vasco**   Baskenland (7)
paliza → **dar una paliza**
pan *m.*   Brot (6)
panadería *f.*   Bäckerei (3)
pantalones *m.pl.*   Hosen (9)
papi *m.*   Papa (4)
parada *f.*   Haltestelle (10)
para   für; um ... zu (1, 2)
parar   anhalten (10)
parecer   scheinen; erscheinen (7, 9, 10)
parque *m.*   Park (3)
parte *f.*   Teil (2)
pasado *m.*   Vergangenheit; vergangen (8)
pasajero *m.*   Fahrgast, Fluggast (7)
pasaporte *m.*   Pass (5)
pasar   durchfahren; verbringen (3, 9)
pasear   spazieren gehen (10)
paso *m.* **de peatones**   Fußgängerüberweg (10)
patata *f.*   Kartoffel (4)
pedir   bitten; bestellen; verlangen (4)
pedir hora   einen Termin ausmachen (9)
pelearse con   sich streiten mit (8)
película *f.*   Film (6)
pensar   denken (4)
pensión *f.* **completa**   Vollpension (7)
peor   schlimmer, schlechter (10)
perder   (den Zug) verpassen; verlieren (8, 10)
perdonar   entschuldigen, verzeihen (6)
perfecto   perfekt, vollkommen (1)
periódico *m.*   Zeitung (2)
pero   aber (1)

perro *m.*   Hund (3)
personal   persönlich (5)
Perú *m.*   Peru (3)
peruano   peruanisch; Peruaner (3)
pesar   wiegen (7)
pesar mucho   schwer sein (7)
pescado *m.*   Fisch (4)
picar   stempeln (10)
pie *m.*   Fuß (5)
pierna *f.*   Bein (9)
pijama *m.*   Pyjama, Schlafanzug (9)
piscina *f.*   Schwimmbad (5)
piso *m.*   Wohnung (3)
pista *f.*   Piste (7)
plancha → **a la plancha**
plátano *m.*   Banane (4)
plato *m.*   Teller (4)
playa *f.*   Strand (7)
plaza *f.*   Platz (8)
plazoleta *f.*   kleiner Platz (8)
pobre   arm (6)
¡pobrecito!   der Arme!, du Armer! (6)
poco   wenig (3)
poder   können, dürfen (2)
policía *f.*   Polizei; *m.* Polizist (10)
polvo → **estar hecho polvo**
pollo *m.*   Hühnchen (4)
poner   hinlegen, hinstellen (4)
ponerse enfermo   krank werden (9)
ponerse nervioso   nervös werden (8)
por   für, durch (1)
porque   weil (1)
por qué   warum? (3)
por supuesto   selbstverständlich (4)
Portugal *m.*   Portugal (1)
portugués   portugiesisch; Portugiese (1)
posesivo   besitzanzeigend (2)
posible   möglich (7)
postre *m.*   Nachspeise (4)
practicar   (Sport) treiben; (aus)üben (9)
precisamente   genau (8)
pregunta *f.*   Frage (2)
preocuparse   sich Sorgen machen (2)
preparado   fertig (2)
presentar   vorstellen (2)

prima *f.* Cousine (2)
primavera f. Frühling (6)
primer/o erster (4)
primo *m.* Cousin (2)
principio *m.* Anfang (10)
prisa → **tener prisa**
probable wahrscheinlich (5)
probador *m.* Umkleidekabine (9)
probarse anprobieren (9)
profesor *m.* Lehrer (1)
profesora *f.* Lehrerin (1)
progreso *m.* Fortschritt (10)
prohibición *f.* Verbot (10)
pronto früh; bald (10)
propina *f.* Trinkgeld (4)
protestar jammern (9)
prudencia → **con prudencia**
pueblecito *m.* kleines Dorf (10)
pueblo *m.* Dorf; Volk (10)
puerta *f.* Tür (7)
puerto *m.* *Hafen (3)*
Puerto Rico *m.* Puerto Rico (3)
puertorriqueño puertoricanisch; Puertoricaner (3)
pues denn (5)
puesto *m.* Stelle (6)
pulmón *m.* Lunge (9)
punto *m.* **de vista** Aussichtspunkt (9)

Q

que dass; welcher; der, die, das (relativ) (2)
qué was?, welcher? (2)
¡qué susto! bin ich erschrocken! (7)
quedar sich verabreden; (übrig) bleiben, noch vorhanden sein (2, 5)
quedar bien passen, gut stehen (9)
quedarse (da)bleiben (4)
querer wollen; lieben (4)
quién/quiénes wer? (1)
quince fünfzehn (1)
quinientos fünfhundert (5)
quinto fünfter (8)
quizás vielleicht (9)

R

ración *f.* Portion (4)
rápido schnell (2)
rato *m.* Weile (4)
realmente wirklich (3)
recepción *f.* Rezeption (5)
receta *f.* Rezept (9)
recibir bekommen (3)
recomendar empfehlen (4)
reconocer (an)erkennen; zugeben; untersuchen (7, 9)
recorrido *m.* Tour (7)
recuerdo *m.* Reiseandenken; Erinnerung (9)
red *f.* Netz (8)
refresco *m.* Erfrischungsgetränk (4)
regalar schenken (6)
regalo *m.* Geschenk (6)
régimen → **en régimen de media pensión**
regular nicht besonders gut, mittelmäßig (2)
reír lachen (6)
reírse lachen (10)
reñir schimpfen (6)
repetir wiederholen (6)
República *f.* **Dominicana** Dominikanische Republik (3)
reservar buchen (7)
resguardo *m.* **de equipaje** Gepäckschein (7)
resistir überstehen, aushalten (9)
respetar achten, respektieren (10)
restaurante *m.* Restaurant (2)
retraso *m.* Verspätung (7)
revisor *m.* Schaffner (8)
rey *m.* König (9)
rico → **estar rico**
romper zerbrechen (6)
ropa *f.* Kleidung (9)
roto kaputt (6)
rubio blond (1)

S

sábado *m.* Samstag (4)
saber wissen; können (2)
sala *f.* **de estar** Wohnzimmer (3)
salir ausgehen (4)
salud *f.* Gesundheit; Prost (6)
sangría *f.* Sangria (4)
se sich; man; ihm, ihr, ihnen, Ihnen (1, 2, 6)
secretaria *f.* Sekretärin (2)
seguir etwas immer noch / weiterhin tun (6)
según creo soviel mir bekannt ist (3)
segundo zweiter (4)
seguridad *f.* Sicherheit (9)
seguro sicher (3)
seis sechs (1)
semáforo *m.* Ampel (10)
semana *f.* Woche (3)
sentarse sich hinsetzen (1, 10)
sentir fühlen (5)
sentirlo Leid tun (5)
señal *f.* **de tráfico** Verkehrszeichen (10)
señor *m.* Herr (1)
señora *f.* Frau (1)
señorita *f.* Fräulein (1)
septiembre *m.* September (6)
séptimo siebter (8)
ser sein (1)
servicios *m.pl.* Toiletten (4)
servir dienen (6)
sesenta sechzig (2)
setenta siebzig (2)
sexto sechster (8)
si wenn, ob (2)
sí ja; sich (betont) (1)
siempre immer (3)
siempre que immer wenn (9)
sierra *f.* Gebirge (10)
siesta *f.* Mittagspause (6)
siete sieben (1)
silla *f.* Stuhl (7)
simpático sympathisch, nett (1)
simple einfach (9)
sin ohne (5)
sinagoga *f.* Synagoge (9)
sitio *m.* Platz; Ort (7)
sobre todo vor allem (9)
sobrina *f.* Nichte (2)
sol *m.* Sonne (4)
soler gewöhnlich tun, pflegen (8)
solo allein (2)
sólo nur (3)
sopa *f.* Suppe (4)
su/sus sein, ihr, Ihr (2)
subir einsteigen; hinaufgehen (8)
suegra *f.* Schwiegermutter (2)
suegro *m.* Schwiegervater (2)
suegros *m.pl.* Schwiegereltern (2)
suerte *f.* Glück (10)
Suiza *f.* Schweiz (1)
suizo schweizerisch; Schweizer (1)
supermercado *m.* Supermarkt (3)
suponer annehmen; vermuten (7)
suspender durchfallen (10)
suyo sein (7)

T

tal solch (2)
talla *f.* Größe (9)
también auch (1)
tampoco auch nicht (1)
tan so (3)
tanto so viel, so sehr (9)
tapa *f.* Appetithappen (4)
tardar lang dauern (6)
tarde *f.* Nachmittag, Abend; spät (1)
tarjeta *f.* **de embarque** Bordkarte (7)
tarta *f.* Torte, Kuchen (10)
taxímetro *m.* Taxiuhr (10)
taxista *m.* Taxifahrer (10)
te dir; dich (1)
teatro *m.* Theater (3)
teléfono *m.* Telefon (1)
televisión *f.* Fernseher (2)
temer fürchten (8)
temprano früh (4)
tenedor *m.* Gabel (4)
tener haben (2)

tener que   müssen (4)
tener prisa *f.*   es eilig haben (4)
tener razón *f.*   Recht haben (4)
tercero   dritter (8)
ti   (nach Verhältniswort) dir, dich (1)
tía *f.*   Tante (2)
tiempo *m.*   Zeit; Wetter (2, 4)
tienda *f.*   Geschäft (3)
tinto *m.*   Rotwein (4)
tío *m.*   Onkel (2)
tipo *m.*   Art (5)
todavía   noch (5)
todo   alles (2)
todo el mundo   alle (9)
todo seguido   geradeaus (8)
tomar   nehmen; trinken (4)
torcer   abbiegen (8)
tortilla *f.*   (Spanien) Kartoffelomelett; (Mexiko) Maisfladen (4)
trabajador   fleißig (10)
trabajar   arbeiten (1)
trabajo *m.*   Arbeit (2)
traducir   übersetzen (7)
traer   bringen (4)
tráfico *m.*   Verkehr (3)
tranquilo   ruhig (3)
trastero *m.*   Abstellraum (3)
trece   dreizehn (1)
treinta   dreißig (1)
tren *m.*   Zug (5)
tres   drei (1)
triste   traurig (4)
tu/tus   dein (2)
tú   du (1)
tubería *f.*   Wasserleitung (5)
turista *m./f.*   Tourist/-in (8)
tuyo   dein (7)

U

últimamente   neulich, in der letzten Zeit (9)
último   letzter (6)
un/una   ein/eine (1)
universidad *f.*   Universität (1)
uno   eins; man (1, 9)
usted/ustedes   Sie (1)

V

vacaciones *f.pl.*   Urlaub (2)
vacío   leer (8)
vagón *m.*   Waggon (8)
vale   einverstanden, in Ordnung (2)
valer la pena   sich lohnen (9)
valor *m.*   Wert (9)
varios   mehrere (3)
vaso *m.*   Glas (4)
veinte   zwanzig (1)
velocidad *f.*   Geschwindigkeit (8)
vender   verkaufen (9)
venezolano   venezolanisch; Venezolaner (3)
Venezuela *f.*   Venezuela (3)
venir   kommen (4)
ventaja *f.*   Vorteil (10)
ventanilla *f.*   Fenster (im Verkehrsmittel); Schalter (7)
ver   sehen (1)
verano *m.*   Sommer (6)
verdad *f.*   Wahrheit (1)
verde   grün (9)
verduras *f.pl.*   Gemüse (4)
vestido *m.*   Kleid (9)
vestirse   sich anziehen (6)
vez *f.*   Mal (4)
vía *f.*   Gleis (8)
viaje *m.*   Reise (7)
vida *f.*   Leben (10)
viento *m.*   Wind (4)
viernes *m.*   Freitag (4)

vigilado   bewacht (10)
vino *m.*   Wein (4)
visitar   besuchen (2)
vivir   leben (3)
volver   zurückkehren (5)
volver a las andadas   zu den alten Gewohnheiten zurückkehren (10)
vosotros/vosotras   ihr (1)
vuelo *m.*   Flug (7)
vuelo interior *m.*   Inlandsflug (7)
vuelta *f.*   Rückkehr; Wechselgeld (8, 9)
vuestro/vuestra/vuestros/vuestras   euer (2)

Y
y   und (1)
ya   schon (10)
yerno *m.*   Schwiegersohn (2)
yo   ich (1)

Z
zapato *m.*   Schuh (9)
zona *f.* **peatonal**   Fußgängerzone (3)
zumo *m.*   Saft (4)